自治体の
子育て支援
担当になったら読む本

水畑明彦 [著]

学陽書房

はじめに

　この本は、主に子育て支援部門に配属された自治体職員の方向けに、業務の「全体像」や「制度の意義」を押さえながら、「分野独自の用語」理解を土台に、「具体的な仕事のノウハウや心構え」をお伝えする本です。

　あなたが窓口部門の担当であれば、自信をもって保護者に対応したいと思ったり、あなたが政策部門の担当であれば、ちょうど鳥が空から眼下を眺めるように、俯瞰して現今の課題を明らかにしたいと願ったりしたとき、その場しのぎの対処法を理解するだけでは、仕事の手応えを実感しにくいかもしれません。この本が「全体像」の理解が進むようにまとめられているのはそうした悩みに応えるためです。

　また、この本を手にされた方のなかには、子育て支援部門への異動が不本意だった方もあるかもしれません。異動の事実を変えることはできませんが、事実の受け止めを変えることはできます。「制度の意義」を理解し、この部門に配属されたことを意気に感じていただくことができれば、ご自身にとっても支援の相手にとっても有意義な仕事になるでしょう。子育て支援は間違いなくやりがいのある業務です。

　さらに、子育て支援は福祉・保健・教育分野など多岐にわたり、多様な施策や事業、施設などの用語の理解が必要です。この分野に対する抵抗感が薄れるよう、「分野独自の用語」の説明を随所に盛り込みました。

　具体的には、第1章で「子育て支援の意義や概要」、第2章で「心得るべき仕事の初手」、第3章から第8章で「分野ごとの意義や業務の内容」を押さえ、最後の第9章で「仕事を深める次の手」を確認していきます。

　この本を手に、あなたが生き生きとやりがいをもって仕事に取り組まれ、それが住民の幸せにつながる一助となることを願っています。

2023年3月

水畑明彦

第2章 担当者が心得るべき仕事の初手

第3章　母子保健

第4章 家庭での子育てと子ども育成支援

第5章　幼児教育・保育

第**6**章 障がいのある子どもへの支援

第7章　子育て家庭への経済的支援・ひとり親家庭支援

第**8**章 社会課題のしわ寄せを受ける子どもへの支援

第9章　仕事を深める次の手

凡　例

下記法令については略記した。
子ども・子育て支援法に基づく基本指針…教育・保育及び地域子ども・子育て支援事業の提供体制の整備並びに子ども・子育て支援給付並びに地域子ども・子育て支援事業及び仕事・子育て両立支援事業の円滑な実施を確保するための基本的な指針

第 1 章

子育て支援部門へ
ようこそ

　この章では、子育て支援の意義を押さえた上で、行政が行う子育て支援の全体像、自治体ごとの役割、実施機関などを見ていきます。子育て支援の目指す方向と、皆さんが担当としてそれに向けた取組みのどの部分を担っているのかを確認していきましょう。

1 親が子育ての 幸せを味わえる 社会をつくる

▶▶ 「社会保障の4つ葉のクローバー」

　本書は子育て支援担当向けの本ですが、行政事務としてどこまでを子育て支援と呼ぶのか、その定義は曖昧かもしれません。

　制度上は、子ども・子育て支援法に挙げられている保育所や幼稚園等への通園や、地域に応じた子育てへのサポートを総称して子育て支援と呼ぶことが一般的です。

　一方、自治体ではこの範囲に留まらず、障がいのある児童への支援を含む児童家庭福祉全体はもとより、乳幼児の医療費助成なども子育て支援課（部・係）で取り扱う例が見られます。さらに、就学前教育も含めて所管している自治体も一部で見受けられます。

　本書も概ねそれらの事務を網羅した構成としています。それは子育て支援が「子育て家庭に対する行政サービスの総体」だと住民から受け止められているからに外なりません。

　ところで、年金・医療・介護制度に「育児（支援）」を合わせた4本柱を社会保障の4つ葉のクローバーと呼びます（柏女霊峰『子ども家庭福祉サービス供給体制――切れめのない支援をめざして』中央法規、2008）。

　子育て支援が注目されるようになったのは、少子高齢化の進行により年金・医療・介護制度の行き詰まり感が高まり、少子化対策の必要性が大きく取り沙汰されるようになってからのことです。

　しかし、それら3つの保障制度の維持や人口減少対策という観点以上に、**子育て支援は、子ども一人ひとりの幸せに向けた政策として捉えることが非常に重要な観点**とされています。

▶▶ 「子どもが子どもを育てる世界」に必要なこと

　家族観や子育て観は人それぞれであり、なかには子育てを社会全体で支援することに対して、「そもそも今どきの親は子育てについて無責任である」とか、「子育てを他人任せにしすぎだ」という意見もあります。

　絵本『ママのスマホになりたい』（のぶみ、WAVE 出版、2016）には、スマホやテレビを見たり、下の子の世話に手を取られたりと、自分の話に耳を傾けない母親に腹を立てる子どもが出てきます。その子どもが幼稚園で将来の夢を聞かれたとき、消防士やお嫁さんと答える子どもたちのなかで、一人「ママのスマホになりたい」と答えるのです。こうした光景を見ると、社会全体での支援を批判的に思うかもしれません。

　一方、今の親は今の親で一生懸命頑張っており、決して状況が悪くなっているわけではない。ただ、昔より親が非常に孤立した状況になっているとの指摘もあります（明橋大二『子育てハッピーセミナー　講演 DVD 付』１万年堂出版、2008）。親が子どもと向き合える環境を整え、親としての成長を支援していけば、親子の幸せも広がるに違いありません。

　ある曲のなかで、「子どもが子どもを育てる世界」という歌詞があります（WST「WOMAN」、作詞：Micro, Shu Doso　作曲：Micro, Shu Doso, Nagacho）。親ははじめから親ではなく、１歳の第１子を持つ親は、たとえ 30 歳でも親としては１歳といえるのかもしれません。

　愛着は子どもと親との間に結ばれる絆ですが、後天的に獲得されるものといわれます（岡田尊司『愛着崩壊　子どもを愛せない大人たち』角川選書、2012）。昨今、子どもの貧困がクローズアップされていますが、金銭的・心理的に全く余裕のない親に、仮にわが子への愛着の芽生えが不足しているとしても、誰が一方的に責めることができるでしょうか。

　私たちは、誰もが幼少期を経ておとなになっていますし、子育ても人によっては経験しています。しかし、この経験こそが業務への取っつきやすさにも、逆に、多様な境遇や価値観を理解する上での足かせにもなり得ることに留意が必要です。

　皆さんにはさまざまな境遇の家庭に冷静に対応できる、寛容な心と知識・技術を持った職員を目指してほしいと思います。

1│2 ◎…「子育て支援」は「子ども・子育て支援」の略

▶▶▶ 侵さざるべき子どもの基本的人権

　1－1では、子育て中の「親」を支援（子育て支援）する観点で制度を見てきました。そもそも国・自治体・地域社会が子育て支援に力を注ぐのは、「社会の希望であり、未来をつくる存在」（「子ども・子育て支援法に基づく基本指針」より）である「子どもたち」を育てているお母さん・お父さんもまた、社会の希望、未来をつくる存在に違いないからです。つまり、子育て支援には、子どもと親両者への支援が含まれています。

　子どもへの支援を理解するにあたり、児童福祉法の総則には、国民の努力すべき義務とともに、子どもの権利が明示されています。

■児童福祉法

第1条　全て児童は、児童の権利に関する条約の精神にのっとり、適切に養育されること、その生活を保障されること、愛され、保護されること、その心身の健やかな成長及び発達並びにその自立が図られることその他の福祉を等しく保障される権利を有する。

第2条　全て国民は、児童が良好な環境において生まれ、かつ、社会のあらゆる分野において、児童の年齢及び発達の程度に応じて、その意見が尊重され、その最善の利益が優先して考慮され、心身ともに健やかに育成されるよう努めなければならない。

（第2・3項省略）

　児童の権利に関する条約（子どもの権利条約）は、子どもの基本的人権を国際的に保障するために定められた条約で、1989年の国連総会で採択され、日本は1994年に批准しました。

　この条約では、①おとなと同様に子どもにも認めるべき一人の人間としての権利と、②成長の過程で特別な保護や配慮が必要である子どもならではの権利が定められています。

　「権利」と聞くと「義務」と背中合わせのものと受け止める向きもあるでしょうが、この**「子どもの権利」は義務の対価として得られる利益ではありません。侵さざるべき基本的人権を指しています。**

　この条約では、**図表１**で示す４つを原則としています。この原則に基づき、子どもの「生存（生きる権利）」「発達（育つ権利）」「保護（守られる権利）」「参加（参加する権利）」などを包括的に実現・確保するための具体的事項が規定されています。

図表１　子どもの権利条約・４つの原則

※本条約の４つの原則に直接関係する条文（第２、３、６条及び第12条）をアイコン化したもの（© 日本ユニセフ協会）

　国内では、2023年４月施行の**こども基本法**が、本条約の国内法にあたります。この法律では、①おとなになるまでのこどもの健やかな成長に対する支援、②就労・結婚・妊娠・出産・育児等の各段階に応じた支援、③こどもの養育環境の整備などを「こども施策」と定義しています。

　その上で、差別の禁止、生命・生存及び発達に対する権利、こどもの意見の尊重及びこどもの最善の利益など、こども施策実施にあたっての基本理念が定められています。

▶▶▶ 児童を健やかに育む国・自治体の責任

　次に、子どもの健全育成に関する責任について確認します。これも児

童福祉法に定められています。保護者に児童の養育の第一義的責任があること、**国・地方公共団体は児童の保護者と「ともに責任を負う」**ところに留意が必要です。

■児童福祉法

第2条　（第1項省略）
2　児童の保護者は、児童を心身ともに健やかに育成することについて第一義的責任を負う。
3　国及び地方公共団体は、児童の保護者とともに、児童を心身ともに健やかに育成する責任を負う。
※一部　著者加筆

なお、子ども・子育て支援では、子どもや家庭に関する用語が頻繁に出てきますので、図表2で法令上の定義を確認しておきましょう。

図表2　子ども・保護者・家庭の定義

■子ども

児童福祉法	児童		満18歳に満たない者
		乳児	満1歳に満たない者
		幼児	満1歳から、小学校就学の始期に達するまでの者
		少年	小学校就学の始期から満18歳に達するまでの者
母子及び父子並びに寡婦福祉法	児童		満20歳に満たない者
学校教育法	学齢児童		満6歳到達日翌日以降の最初の学年の初めから、満12歳到達日の属する学年の終わり
	学齢生徒		小学校課程修了翌日以後の最初の学年の初めから、満15歳到達日の属する学年の終わり
子ども・子育て支援法	子ども		18歳到達日以後の最初の3月31日までの間にある者
こども基本法	こども		心身の発達の過程にある者

■保護者

児童福祉法	親権を行う者、未成年後見人その他の者で、児童を現に監護する者

■家庭

| 平成 28 年の厚生労働省雇用
均等・児童家庭局長通知より | 実父母や親族等を養育者とする環境 |

※なお、文部科学省では「子ども」「こども」の表記を「子供」に統一

■ 児童家庭福祉ならではの留意点

　ここで、他の行政事務以上に子ども・子育て支援で留意すべきことに
ふれたいと思います。それは、**基本的に子ども当人が支援に関する契約
の当事者になれない**ところです。選択の自由が取組みの根幹にある教育
においても、幼少期の学校・園の選択などは、基本的に保護者の意向な
しに行われるものではありません。

　自治体の役割は住民の福祉増進ですが、子育て支援で住民にあたるの
は「子ども」「親」です。さらに、「親子」は基本的に切り離して考えら
れないものでもあります。その状況のなかで、保護者が思う最善、子ど
もにとっての最良、親子としてのベスト、及びそれらの次善（セカンド・
ベスト）などを整理をしながら、対応を判断する思考のプロセスに慣れ
ることが子育て支援の特徴の一つです。

■■ 子育て課題に対応して制度は変化し続ける

　戦後まもなくの 1947 年に制定された児童福祉法は、行政処分や公費
による運営を基本とした措置制度を整備するものでした。

　その後 1997 年に、児童虐待などへの対応や、保育所入所の「措置」
から「契約（保育の実施）」への変更など、大規模な改正が行われました。

　次いで 2012 年に、子ども・子育て支援関連 3 法の制定により、幼児
教育・保育、地域の子ども・子育て支援の質・量の拡充が図られました。
さらに、2016 年、2022 年にも児童福祉法が大きく改正されています。

　ここまで条文を足掛かりに皆さんの仕事の意義や責務を見てきました
が、今後も所属する自治体が現状に則して着実に対応していけるよう、
大きな変化の潮流を意識しながら仕事を進めていきましょう。

1│3 ◎…「子ども・子育て 支援」とは何か

▶▶ 保護者への支援と社会での養護

　1−2まで子育て支援や子どもの福祉の大切さを見てきました。では、その責務を全うするため、自治体はどのような順序で何を実施するのでしょうか。その疑問に児童福祉法は端的に答えています（**図表3**）。

図表3　国・地方自治体が講ずべき支援・措置の順序

第1段階	国及び地方公共団体は、児童が家庭において心身ともに健やかに養育されるよう、児童の保護者を支援しなければならない。
―	ただし、児童及びその保護者の心身の状況、これらの者の置かれている環境その他の状況を勘案し、
第2段階	児童を家庭において養育することが困難であり又は適当でない場合にあっては児童が家庭における養育環境と同様の養育環境において継続的に養育されるよう、
第3段階	児童を家庭及び当該養育環境において養育することが適当でない場合にあっては児童ができる限り良好な家庭的環境において養育されるよう、
―	必要な措置を講じなければならない。

（児童福祉法第3条の2を基に著者作成）

　まず、①保護者への支援（いわゆる子育て支援）を行います。しかし、それでは改善が難しい場合は②家庭同様の教育環境を、それも適当でない場合は③できる限り良好な家庭的環境を用意することとされています。

▶▶▶ 子ども・子育て支援の定義

　子ども・子育て支援法には、子ども・子育て支援が社会連帯の下で行われるべきものであることが示されています。

> ■子ども・子育て支援法
>
> （基本理念）
> 　第２条　子ども・子育て支援は、父母その他の保護者が子育てについての第一義的責任を有するという基本的認識の下に、家庭、学校、地域、職域その他の社会のあらゆる分野における全ての構成員が、各々の役割を果たすとともに、相互に協力して行われなければならない。
> （第２・３項省略）

　また、「子ども・子育て支援法に基づく基本指針」において、「子育てとは本来、子どもに限りない愛情を注ぎ、その存在に感謝し、日々成長する子どもの姿に感動して、親も親として成長していくという大きな喜びや生きがいをもたらす尊い営みである」と、「子育て」という営みを捉えた上で、「子ども・子育て支援」を次のように定義付けています。

> 　「子ども・子育て支援とは、保護者の育児を肩代わりするものではなく、保護者が子育てについての責任を果たすことや、子育ての権利を享受することが可能となるよう、地域や社会が保護者に寄り添い、子育てに対する負担や不安、孤立感を和らげることを通じて、保護者が自己肯定感を持ちながら子どもと向き合える環境を整え、親としての成長を支援し、子育てや子どもの成長に喜びや生きがいを感じることができるような支援をしていくことである。

　子育て支援や少子化対策としてさまざまな政策が打ち出されていますが、**子育ての喜びを感じられ、よりよい親子関係がつくられる方向に矢印が向いているかを省みることが、実効性のある政策を継続して行う上で大切なのです。**

1 | 4 ◎…重層的で切れ目ない子育て支援

▶▶ 子育ての悩みは多様

　1−3までに子ども・子育て支援の意義や責務について見てきました。本項では、実際に自治体職員の取り組む内容に目を移します。

　子ども・子育て支援の仕事は、広くは妊娠前から子どもの青年期に至るまで、子どもとそのまわりのおとなを支援する取組みです。

　とはいっても、家族構成や就労状況、保育の利用が必要な時間やそのときの年齢、障がい・発達・疾病などの程度や段階、状況によって、必要とされる援助やサービスは一様ではありません。

　例えば、乳児と暮らす親の悩み一つをとっても「他の子どもができることがうちの子はまだできない……」と悩む親がいる一方で、「今から何を経験させるべき？　英語？　リトミック？　体操？」と気を揉む親もいます。「子どもとずっと一対一で息が詰まる」「ずっと泣かれると、イライラして怒鳴ってしまう」という悩みを抱える親もいます。同一・同質の援助やサービスを用意するだけでは、その親子それぞれの辛さを和らげることはできません。

▶▶ 子ども・子育て支援の全体像

　ここでライフステージに沿って、子ども・子育て支援のニーズを大きく分類すると、まず、①母子の健康面についての**母子保健のニーズ**（3章）があります（**図表4**）。

　そして出産して子育てが始まると、②子育ての悩みを聞いて解決してほしいニーズや、子どもの遊ぶ場のニーズなど、**家庭での子育てにおけ**

る支援ニーズ（4章）が出てきます。また、親の就労状況や子どもの成長・発達段階に応じて、③園に通わせて**乳幼児期の保育・教育を受けさせたいニーズ**（5章）、発達や障がいの程度に応じて④**療育を受けさせたいニーズ**（6章）が生じます。小学校入学後には、親が仕事から帰るまで、⑤**のびのび過ごせる放課後の居場所や療育に関するニーズ**（4章・6章）も生まれてくるでしょう。

　一方、子どもや家庭の状況・背景に目を転じると、子育てにはお金がかかり、⑥**経済的支援ニーズ**（7章）が生じ、また、⑦**離婚や未婚など**の世帯の状況により、**ひとり親家庭への支援ニーズ**（7章）も生まれます。さらに、家庭状況により、⑧**社会的養護の対応**（8章）も必要です。

　そのような子ども・子育て支援ニーズに対応するために、国は法令を整備し、自治体職員はそれに基づき取組みを進めています。

図表4　子ども・子育て支援の概念図

①母子保健	②家庭での子育ての支援	③幼児教育・保育	学校教育
母子健康手帳の交付 妊産婦健康診査 入院助産 未熟児養育医療 乳児家庭全戸訪問 養育支援訪問	地域子育て支援拠点 一時預かり 子育て短期支援 子育て援助活動支援	認定こども園 保育所　幼稚園 地域型保育	
		④障がい児支援 児童発達支援	放課後等デイサービス
	⑤子ども育成支援　児童館		放課後児童クラブ
	乳幼児健康診査		思春期保健
⑥経済的支援、⑦ひとり親家庭支援			
児童手当　　福祉医療費助成　　児童扶養手当　　特別児童扶養手当			
⑧社会的養護			
里親　　ファミリーホーム　　乳児院　　児童養護施設			

※事業は例示（各章で解説）

▶▶ 切れ目ない子育て支援の重要性

　竹は節があるから伸びるといわれます。子育てにおいても、次のステップに移る「節目」の時期は、成長や打開の好機と捉えられる一方で、課題や問題が顕在化しやすいのも「節目」の時期ではないでしょうか。

　出産のときには、親は無事に生まれてくるかを心配します。そして、生まれてくれば発達や健康面が気掛かりですし、仕事に復帰する頃には**保活**に苦労します。就園後も、子が園になじめなくて悩むこともあれば、2歳までの園（小規模保育事業など）なら、3歳になったときに改めて保活で悩むこともあります。小学校入学時には親は仕事との両立に再び苦労することもあれば（**小1ギャップ**）、子どもが小学校になじめなければ気掛かりがまた増えるなど（**小1プロブレム**）、節目ごとに悩みはつきものです。

　子育て支援は保育所や幼稚園で終わりではなく、保護者の気持ちに寄り添い、次のステージにつなぐ意識と知識・技術をもって事務にあたることが大切になってきます。

▶▶ 福祉や保健・医療・教育など多岐にわたる連携

　福祉や保健、医療、教育などのそれぞれの領域は、専門性が不可欠であり、だからこそ個別に理論が構築され、実践が積み重ねられています。

　その専門性を大事にしながらも、子ども・子育て支援を進めるにあたっては、それらの業務が連携して、あるいはそれらに携わる職員が一緒になって、一組の親子に相対したり、一つの施策を進めたりすることが必要になります。**図表5**に3通りのパターンを示します。

　子ども・子育て支援という仕事は、福祉（保育、障がい福祉など）・保健・医療・教育などのさまざまな領域の取組みが縦に並んでいるところを、子育て期というライフステージで、横串を指したようなものです。いろいろな専門分野が交じり合っていて当たり前だといえるかもしれません。

　関係する施設や部署に足を運び、それらの文化を肌で感じ、連携先の立場や気持ちを知る努力をしながら、情報交換を密にして取り組みましょう。

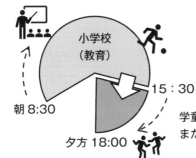

図表5　領域がまたがるパターンの例

①**連携して対応する**（例：精神保健上のケアが必要な親とその子ども）

在籍園の職員（保育・教育）

福祉事務所の
精神保健福祉士
（福祉）

福祉事務所の
ケースワーカー
（福祉）

医師（医療）

市町村保健センターの
保健師（保健）

②**領域が異なる選択肢から、保護者が選択する必要がある**

（例：3歳の子どもの就園先）

幼稚園（教育）

※併行通園もあり
　（掛け持ち的な利用）

児童発達支援事業所（福祉）

※併行通園もあり
　（掛け持ち的な利用）

保育所（保育・福祉）

③**日常の生活で領域間の連続性がある**（例：小学生の日常生活）

小学校
（教育）

朝 8:30

15:30

夕方 18:00

学童保育クラブ（福祉）
または 放課後等デイサービス（福祉）

▶▶▶ 子育て支援事業を行う者・法人

　子育て支援は、行政だけで進めるものではありません。子ども・子育て支援の事務を理解するために、その実施主体を見ていきます。

　金銭の給付など行政が全面的かつ自己完結的に行う事務は別として、子ども・子育て支援の取組み一般においては、さまざまな団体・個人が関わり合って取組みが進められています。例として**図表6**に社会福祉で説明されるところの供給組織類型を示します。

図表6　社会福祉の供給組織類型

Ⅰ公的福祉セクター	①公設公営型・②認可団体型
Ⅱ民間福祉セクター	③行政関与型・④市民組織型
Ⅲインフォーマルセクター	⑤近隣支援型
Ⅳ民間営利セクター	⑥市場原理型

（「新版・社会福祉学習双書2005　1社会福祉概論（改訂4版）」全国社会福祉協議会、2005を基に著者作成）

　「Ⅰ公的福祉セクター」を担うのは、①公設公営（公立）だけではありません。②認可団体型として、社会福祉法人などの「法人認可」を受けた団体が、「施設認可」を受けて私立保育所を経営するなどしています。

　「認可」とは、趣旨に沿った経営が持続的に「可」能だと行政が「認」めることだといえましょう。

　団体そのもの及び受け持つ事業が公共性を帯びる以上、指導監督などにより経営の透明化や運営の安全を図ることを前提としながら、民間の創意や自主性を尊重して福祉事業が進められています。

　また、「Ⅲインフォーマルセクター」とあるように、NPO法人や協同組合、個人など、多様な主体が近隣支援型のインフォーマルな取組みを行っています。

　このように公私を整理・理解し、団体や個人とコミュニケーションを図ることが、公私の役割の理解や円滑な福祉の取組みの実施、また支援の多様性や選択の幅に対する住民の期待の実現につながります。

▶▶▶ 地域での連携・協働

　地域に対しては、次のようにさまざまな人がそれぞれの立場で子育てを支援しています。その人たちの活動を知って、協働して子育て支援を進めていくことが大切です。そうすることで、子育てに温かいまちづくりが、地域に着実に根付いていくのではないでしょうか。以下の例の他に、自治会や青少年育成協議会、子ども食堂の取組みなどがあります。

①民生委員・児童委員、主任児童委員

　民生委員は非常勤の地方公務員であり、「社会奉仕の精神をもって、常に住民の立場に立って相談に応じ、及び必要な援助を行い、もって社会福祉の増進に努める」（民生委員法第1条）ことを任務として、主に地域の住民のなかから、都道府県知事が推薦して厚生労働大臣が委嘱します。また、民生委員は児童委員も兼ねるものとされています。児童委員は児童福祉法に定められており、児童や妊産婦の見守りや相談・支援等を行います。

　主任児童委員は、民生委員・児童委員のなかから厚生労働大臣が指名し、児童福祉関係機関との連絡調整や、児童委員の活動に対する援助や協力をします。

②スクールソーシャルワーカー（SSWer）

　学校や教育委員会に配置されます。いじめ、不登校、暴力行為、児童虐待などに関する教育上の相談を受け、関係する福祉機関や地域の社会資源と連携して支援を行っています。課題のある家庭のきょうだいが学校と保育所に通っている場合など、状況に応じてSSWerが連携・調整して対応します。

③コミュニティソーシャルワーカー（CSW）

　社会福祉協議会に配置されます。地域の福祉ニーズの洗い出しをして、福祉上の課題について、地域にある社会資源へつなぐことで支援のネットワークづくりを行います。

15 ◎…自治体間の分担と行政機関の役割

▶▶ 都道府県と市町村の分担

　自治体は、地域における行政を自主的かつ総合的に実施する役割を広く担っています（地方自治法第1条の2第1項）。

　合わせて、都道府県と市町村には役割分担があります（同法第2条第3項及び第5項）。

○都道府県　（地方自治法第2条第5項）

　市町村を包括する広域の地方公共団体として、①広域にわたるもの、②市町村に関する連絡調整に関するもの、③その規模又は性質において一般の市町村が処理することが適当でないと認められるものを処理

○市町村　（同条第3項）

　基礎的な地方公共団体として、都道府県が処理するものとされているもの以外を処理

　子ども・子育て支援に関する事務もこの原則に沿って役割が分担されています。

　近年、地域のつながりの希薄化や家族の在りようの変化に伴い、きめ細かな支援が一層必要とされています。そのため住民に身近な市町村が基本的対応を行い、都道府県が専門的対応や、域内の市町村への助言・調整、市町村の予算を含む予算措置に関することなどを行っています。

　次に、いくつかの代表的な例を見てみましょう。

①母子保健

　都道府県などは**保健所**を設置・運営し、域内の公衆衛生の中核的役割を担っています（**図表7**）。一方、市町村は**市町村保健センター**を設置し、地域に身近な立場で、母子健康手帳の交付や乳幼児の健康診断、未熟児の養育医療などの母子保健事業を実施しています。

②児童福祉施設の設置認可など

　基本的には都道府県などが設置・運営に関する基準を条例で定め、社会福祉法人等が施設を設置したい場合には都道府県などが基準に照らして認可し、質を確保するために必要な指導・監督を行っています。

③児童福祉施設の利用

　都道府県などが、乳児院や児童養護施設等の入所の「措置」を行います。市町村では、「措置」よりも行政処分のなかでは軽い性質である「保育の実施」（いわゆる保育所への入所）などを行っています。

④障がいのある児童への支援

　都道府県などが**障害児入所支援**を行い、市町村は**障害児通所支援**を行っています。ここで「入所」とは、障がいのある児童が施設に入居して支援を受けることであり、「通所」とは自宅から通って支援を受けることです。

⑤児童相談

　都道府県などは**児童相談所**を設置・運営し、専門的あるいは法的な対応を中心に行っています。一方、住民に身近な市町村は、第一義的な窓口として相談を受け付け、協議や調査、ケース検討会議などを行います。市町村自らが中心となって対応したり、専門的対応が必要な事案などは、都道府県の児童相談所に送致したりしています。

▶▶ 市の規模による都道府県との分担の相違

　指定都市など市の規模によっては、その市域の住民に関係する事務を都道府県ではなく市が行う場合があります。その場合、都道府県はその市域を除く都道府県民に対して事務を行います（市町村相互間の連絡調整や広域的な対応が必要な業務など都道府県が実施する事務もあります）。

　なお、地方自治法に基づく政令で定める市として、①指定都市（人口50万以上の市のうちから指定）、②中核市（人口20万以上の市の申出に基づき指定）、③施行時特例市（特例市制度の廃止（2015年4月1日）の際、特例市であった市）があります。

図表7　都道府県の事務が市町村の権限となっている例

指定都市	中核市	施行時特例市・一般市	町・村
児童相談所の設置（必置）	児童福祉法施行令に定める市(特別区)も	都道府県の事務	
乳児院、児童養護施設等の設備運営基準制定・認可・監督	(児童相談所設置市も)		
乳児院、児童養護施設等への入所の措置	(児童相談所設置市も)		
助産施設、母子生活支援施設、保育所の設備運営基準制定・認可・監督			
保健所の設置		特別区・地域保健法施行令に定める市も	
福祉事務所の設置			町村は任意
助産の実施・母子保護の実施			(福祉事務所設置の町村も)

▶▶▶ 子ども・子育て支援の主な行政機関

①福祉事務所

　都道府県と市・特別区（任意設置の町村を含む）には、社会福祉法第14条各項に基づき福祉事務所を設置しています。

　福祉事務所は、社会福祉行政の現業機関（直接住民に接し、支援の提供を行う機関）として、生活保護法や児童福祉法、母子及び父子並びに寡婦福祉法に定める援護・育成の措置に関する事務などを処理します。

　児童養護施設や保育所などの「社会福祉施設」と明らかに異なる点は、行政処分（例：交付の決定、入所の決定）を行うという点です。

　福祉事務所には、児童家庭福祉の相談機能充実に向け、**家庭児童相談室**を設置することができ（昭和39（1964）年の厚生事務次官通知により創設）、さまざまな名称で各自治体の福祉事務所に設置されています。

②児童相談所

　児童福祉の第一線の専門機関である児童相談所は、都道府県及び指定都市に必置とされています。

　児童相談所では、①保護者の死亡・失踪や入院、虐待など子どもの養育に関する養護相談や、②子どもの窃盗、傷害、家出などの非行相談、③家庭内暴力やしつけなどの子どもの育成に関する相談、④知的障がいや肢体不自由、発達障がいなど障がいに関する相談などを受け付けています。

　受理した相談・通告は、調査・診断・判定を経て、在宅での指導の他、乳児院や児童養護施設、障害児入所施設等への入所や、里親への委託などの援助につなげています。

③保健所・市町村保健センター

　都道府県・指定都市・中核市ならびに政令で定める市と特別区には保健所が設置され、感染症対策、環境衛生、精神保健など多岐にわたる地域の公衆衛生の中核的役割を担っています。

　一方、市町村保健センターは、地域に身近な立場で市町村が母子保健事業を実施しています。

▶▶▶ 首長から福祉事務所長などへの委任

　福祉事務所の職員の場合、自身の事務の範囲を確認するときに「事務分掌規則」を確認することは多いでしょうが、権限や事務に関する「委任規則」を確認したことはあるでしょうか。

　一つひとつの事務の権限が誰にあるのかを知ることは、込み入った苦情に対応したり、事務を改善したりする際に必要になってくる知識です。

　以下は、神戸市の「神戸市長の権限に属する事務の委任に関する規則」に規定された福祉事務所長に委任する事務の一部です。

第5章 福祉事務所長に対する委任
（保育に関する事務の委任）
第56条 地方自治法第153条第1項の規定に基づき、次項第1号に規定する保育所における保育に関することのうち、次に掲げる事務は、福祉事務所長に委任する。
⑴ 保育所（都道府県及び市町村以外の者が設置する保育所に限る。）における保育を行うことに要する費用のうち保育認定子どもの支給認定保護者又は扶養義務者が負担する金額の徴収に関すること。
⑵ 保育所（本市が設置する保育所に限る。）における保育を行うことに係る入所の許可及び使用料の徴収に関すること。
（⑶省略）
2 児童福祉法第32条第3項の規定に基づき、次に掲げる保育に関する事務は、福祉事務所長に委任する。
⑴ 保育所における保育に関すること（法第24条第1項）。
⑵ 保育所、認定こども園又は家庭的保育事業等の利用に係る調整及び要請に関すること（法第24条第3項）。
（⑶以降省略）

　ここでは保育に関する条文の一部を抽出していますが、ポイントは2点です。

　1点目は、「児童福祉法第32条第3項の規定に基づき」「地方自治法第153条第1項の規定に基づき」とあるように、異なった根拠法が挙げられている点です。当該条文を確認してみます。

■児童福祉法第 32 条第 3 項

　市町村長は、保育所における保育を行うことの権限並びに第 24 条第 3 項の規定による調整及び要請（中略）に関する権限の全部又は一部を、その管理する福祉事務所の長又は当該市町村に置かれる教育委員会に委任することができる。

■地方自治法第 153 条第 1 項

　普通地方公共団体の長は、その権限に属する事務の一部をその補助機関である職員に委任し、又はこれに臨時に代理させることができる。

　つまり、児童福祉法の趣旨に沿って福祉事務所長に権限を委ねた事務が「児童福祉法第 32 条第 3 項の規定に基づき…」の事務になります。

　一方、地方自治法第 153 条第 1 項は、幅広く首長の事務を委任できる規定であり、児童福祉法などの個別法には規定されていないものの、福祉事務所長に委任したほうが効果的・効率的と市で勘案された事務が、「地方自治法第 153 条第 1 項の規定に基づき…」の事務になります。

　では、この委任規則にない仕事で、あなたの課（部）でなされている仕事はないでしょうか。

　それこそがポイントの 2 点目になります。その仕事は福祉事務所長に権限が委ねられた仕事ではなく、あくまで首長の手足としての「○○市○○部○○課」としての仕事になります。その証拠に、その仕事に関する公文書の送付元は「福祉事務所長」ではなく、例えば「福祉課長」あるいは首長たる「市長」などになっていないでしょうか。

　福祉事務所の事務は福祉課などの名称の課が担当していることが一般的で、加えて、福祉事務所と保健所を一体で組織化している例も多く、所掌する事務がどの法律や権限に基づく事務なのかわかりにくいことがあります。「事務分掌規則」と「委任規則」を併せて確認していくと、権限やその根拠がよりクリアに見えてくるかもしれません。

COLUMN・I

こども家庭庁

　こども家庭庁は、常に子どもの最善の利益を第一に考え、子どもに関する取組み・政策を日本社会の真ん中に据え（**こども真ん中社会**）、子どもの視点で子どもを取り巻くあらゆる環境を視野に、子どもの権利を保障し、子どもを誰一人取り残さず健やかな成長を社会全体で後押しするための新たな機関として立ち上げられました。内閣総理大臣の直属の機関として、内閣府の外局に位置付けられています。

　これまで内閣府や厚生労働省をはじめとする他の府省庁で所管していた法律や事務のうち、主に子どもの権利や利益の擁護、子どもや家庭の福祉・保健の支援を目的とするものは、こども家庭庁に移管され、そうした支援ではあるものの他の政策分野も含んでいるものは、これまで所管してきた府省庁とこども家庭庁で共管することとされました。

　また、各省庁間で抜け落ちることがないよう必要な取組みを行ったり、新たな政策課題に取り組んだりすることも役割とされています。

●こども家庭庁の事務や権限（イメージ）

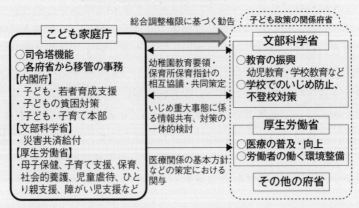

（内閣官房こども家庭庁設立準備室「こども家庭庁の創設について」より一部抜粋）

第2章

担当者が心得るべき仕事の初手

子どもと子育てを取り巻く状況を一通り確認した上で、業務の基本となる心構えや具体的な実践のポイントをこの章で確認します。さらに次章から個別分野に入る前段階として、給付や事業、法規の読み方の初歩も見ていきます。業務の土台となる考え方や知識をここで押さえましょう。

2 | 1 ◎…子ども・子育てを取り巻く現状を把握する

▶▶ 少子化・未婚化・晩婚化

　ニーズに応じた取組みを進め、課題に即した政策を講じていくには、子どもや子育てを取り巻く状況を押さえておくことが重要です。

　まずは、喫緊の課題とされている少子化と、それに関係する未婚化・晩婚化の状況からみてみましょう。

○合計特殊出生率　　1.33　　　　　　　　　　　　　　〔2020 年〕
○未婚割合　　　　　男性 28.3%　女性 17.8%　　　　　　〔2020 年〕
○平均初婚年齢　　　男性 31.0 歳　女性 29.4 歳　　　　　〔2020 年〕

　少子化の状況として、「合計特殊出生率」は 1974 年からこれまで、人口維持が可能な水準の 2.07 を継続して下回り、2005 年に最低の 1.26 となり、その後横ばいで、2020 年で 1.33 です[1]。

　婚姻の状況としては、「未婚割合」（50 歳時点で一度も結婚したことのない人の割合）が、1990 年で男性 5.6%、女性 4.3% だったのが、2020 年で男性 28.3%、女性 17.8% と膨れ上がっています[2]。

　また晩婚化の傾向として、平均の初婚年齢は 1975 年頃から現在にかけて男女とも 4 歳程度上昇し、ここ数年は横ばいで、2020 年時点で男性 31.0 歳、女性 29.4 歳になっています[3]。

▶▶ 世帯構成・雇用形態

○児童を含む 3 世代同居世帯割合　　　12.9%　　　　　　〔2021 年〕

○単独世帯割合　　　　　　　　29.5%　　　　　　　　〔2021 年〕
○ 25 〜 34 歳の非正規雇用割合　男性 14.4%　女性 34.3%　〔2021 年〕

　世帯の状況としては、児童のいる世帯のうち 3 世代が同居する世帯の割合は減少傾向にあり、1986 年の 27.0%から 2021 年には 12.9%に半減しています。一方、世帯全体のうち単独世帯は同年比較で 18.2%から29.5%に上昇しています [4]。

　地域に子どもの姿が減り、また、各世帯の少人数化も進み、**閉じられた環境での子育てや、子どもや子育てに対する社会の無関心・不寛容が危惧されています。**

　就労や所得について、例えば 25 歳から 34 歳までの男女の非正規雇用の割合を見ますと、1990 年で男性 3.2%、女性 28.2%だったのが、概ね2003 年頃まで上昇し、それ以降は横ばいの後に減少傾向となり、2021年で男性 14.0%、女性 32.4%です [5]。

　男性の婚姻について見てみると、男性が正規の職員・従業員である場合と比べて、非正規の職員・従業員でパート・アルバイトの場合には、配偶者がいる割合が概ね 4 分の 1 程度になっています [6]。

　就労・生き方の多様化を含め、社会通念や秩序・価値観が変貌するなか、子育てを取り巻く環境も大きく変化し、ここ数年でそれが定着していることがわかります。非正規雇用者にとっては「正規雇用で配偶者がいるだけで十分ブルジョア階級だ」と揶揄する格差につながっています。

▶▶▶ 保育利用・出産後の就業継続・ひとり親家庭

○ 1 〜 2 歳児保育所等利用率　　　56.0%　　　　　　　〔2020 年〕
○第 1 子出産後の就業継続割合　　53.1%　　　〔2010 〜 2014 年〕
○ひとり親と未婚の子のみの世帯　6.4%　　　　　　　　〔2021 年〕

　1 〜 2 歳までの児童の認可保育所等の利用（通園）率は、2014 年には 35.1%でしたが、2020 年には 56.0%と過半数を超えています [7]。

　また、第 1 子出産前に就業していた女性が出産後も就業継続した割合

（育休の利用あり・なしの合計）は 2010 ～ 2014 年で 53.1％（うち育休利用は 28.3％）で、25 年前（1985 ～ 89 年）の 39.2％（同 5.7％）から大きく増加しています[8]。**共働き家庭の割合が増加し、幼稚園等での比較的短時間の保育利用や在宅育児の割合が減少し、長時間保育のニーズが増加している**ことが見てとれます。

　また、ひとり親家庭の状況は、児童がいる核家族に占めるひとり親家庭（ひとり親と未婚の子のみの世帯）の割合が、1986 年で 4.2％だったのが、2021 年では 6.4％となっています[9]。

　子育ては主に母親がするものという固定観念がなくならないなか、育児に対する過度のストレスに加え、非正規雇用等による不安定な経済状況も相まって、**子育ては社会全体で取り組むべき課題だと指摘されるようになってから、すでに数十年が経過しています。**

▶▶ 出生体重、発達多様性

　2,500g 未満で産まれた低出生体重児の割合は、1980 年に 5.2％だったのが 2005 年頃まで上昇傾向を示し、その後は横ばいで 2017 年に 9.4％でした[10]。

　障害児サービスは、利用児童が年々増加しており、例えば 3 ～ 5 歳においては、2014 年 10 月の 54,433 人（総務省「人口推計」を母数として 1.7％）から、2019 年同月には 89,815 人（同 3.1％）と大幅に増加しています[11]。また、学齢期においては、小学校の特別支援学級や特別支援学校に在籍する児童の他、小学校の通常の学級においても学習面又は行動面で著しい困難を示す児童が、公立小学校で 10.4％[12] でした。

　発達の多様性の他にも、近年増加している外国にルーツがある子どもや性の多様性を含め、さまざまな背景・価値観の住民が共に暮らす社会において、包摂的で寛容な関わり合いが求められています。

▶▶ 日本の子どもたちの幸せ度

　次に、子どもたちの状況を見ていきます。UNICEF（ユニセフ：国連

児童基金）が報告した子どもたちの幸福度の日本の順位は次のとおりでした（『レポートカード16─子どもたちに影響する世界：先進国の子どもの幸福度を形作るものは何か』UNICEF、2020）。

○総合順位（20位／38カ国中）
○分野別順位
　・精神的幸福度（37位／38カ国）
　　　生活満足度が高い15歳の子どもの割合（32位／33カ国）
　　　15～19歳の若者の自殺率（低い）（30位／41カ国）
　・身体的健康（1位／38カ国）
　　　5～14歳の子どもの死亡率（低い）（9位／41カ国）
　　　過体重または肥満である5～19歳の割合（低い）（1位／41カ国）
　・スキル（27位／38カ国）
　　　読解力および数学的リテラシーが基礎的習熟レベルに達している15歳の子どもの割合（5位／39カ国）
　　　すぐに友達ができると答えた15歳の子どもの割合（39位／40カ国）

　この結果をUNICEFは同報告書で「**両極端な結果が混在する『パラドックス』ともいえる結果です。身体的健康は1位でありながら、精神的幸福度は37位という最下位に近い結果となりました。また、スキルは27位でしたが、その内訳をみると、2つの指標の順位は両極端です**」と振り返っています。

　同報告書では、すべての子どもがよりよい子ども時代を過ごせるように、各国に対して、①子どもの意見を聴き、②政策を連携させ、③強固な土台を構築し、また③については、貧困の削減や安価で質の高い保育、子どものためのメンタルヘルス、家族にやさしい職場環境政策、予防接種の取組み強化など、SDGs達成への加速・強化を求めています。

1)、3)、10) 厚生労働省「人口動態統計」　2) 国立社会保障・人口問題研究所「人口統計資料集」
4)、9) 厚生労働省「国民生活基礎調査」　5) 令和2年度版厚生労働白書本編図表バックデータ（図表1-13-19/20）及び労働力調査（詳細集計）2021年平均
6) 内閣府「令和3年版少子化社会対策白書」　7) 厚生労働省「保育所等関連状況取りまとめ」
8) 内閣府男女共同参画局「令和3年版 男女共同参画白書」
11) R3.7.5第2回障害児通所支援の在り方に関する検討会 参考資料4 p.19（参考）年齢別に見た障害児サービスの利用者数の推移
12) 文部科学省「通常の学級に在籍する特別な教育的支援を必要とする児童生徒に関する調査結果」2022

2｜2 ◎…良質な行政サービス
を理解して実践する

▶▶ 正確で円滑な対応が基本

　新しい部署に配属されて誰もがまず気を付けるべきことは、正確な事務を行うことです。また、子育て支援は、一つの窓口対応のみでは住民と行政との関わりが完結しないことも多く、他の子育て支援施策へのつなぎも考えると、窓口業務担当者にとって、正確で円滑な事務で信頼を得ることはとても大切なことです。

　まず、所属部署にあるマニュアルや手引きを熟読・実践することで、一日も早く正確な対応を身に付け、事務に慣れていきましょう。

▶▶ 爽やかで気持ちのよい対応を

　事務を理解した次は、窓口応対での気配りについて見ていきます。

　私が区役所で保育所入所事務の担当者だったときの話ですが、その当時、隣接市からの転入者が比較的多くありました。ところが、保育所は待機児童が多く、希望どおり入所いただくには難しい状況で、時々気分を害される方もいました。それもあってせめて窓口の印象だけはよくしようと爽やかな接遇に努めたのが住民からの評価につながり、励みになったことを覚えています。

　保育所の入所にせよ、手当の支給にせよ、定員や制度上できないものはどうしようもありません。一方、概して対人サービスの満足度は、要求が通ったか否か以外の要素が多分に働くことも事実です。

　対人関係には大事な4つの身体的基本原則があります。それは、①目を見る、②微笑む、③頷く、④相槌を打つだそうです（齋藤孝『上機嫌

の作法』角川 one テーマ 21、2014）。どれもよく知られている基本の所作ですが、普段から実行できて初めてそれを知っているといえるのではないでしょうか。多忙で苦情も多い状況ですと、なかなか笑顔で対応なんてしていられない気持ちも起きますが、自身の機嫌をコントロールして少し所作に気を付けるだけで、不要な苦情を防ぐことにつながるのなら、それを実行しないのはもったいないことです。

　齋藤孝さんは「上機嫌を『職務』と考えてほしい」とも言っています（『不機嫌は罪である』角川新書、2018）。今から窓口で実践してみてはいかがでしょうか。

▶▶ 気持ちを汲むことが緻密な対応につながる

　子育て支援事務は、事務手続きだけに終わらず、相談されたり、助言を求められたりすることがあります。気持ちのよい対応を心掛けられるようになったら、対応するときの心持ちについても目を向けてみましょう。

　相手が何を考えているのか、何に悩んでいるのかに思いをめぐらして対応することが、円滑な応対や一段レベルの高い事務につながります。

　私たち自治体職員は、ルールに基づいた公正な事務執行が信条であり、情に流されているようでは使命は全うできません。また、悪質な苦情を重ねて受けた場合などは、相談者の心情を慮る意欲も失せてしまい、ともすれば流れ作業的に処理したくなることもあるかもしれません。

　しかし、住民の個別の状況に寄り添わず、通り一辺倒な対応に終始してしまうことは、事務の精度そのものを粗雑にしてしまいかねません。

　ある有名な数学者は、**人の心（情緒）を知らなければ、物事を行う場合に緻密さがなくなり粗雑になる。それは対象への細かい心配りがなくなって観念的にものを言っているだけになる**ことを指摘しています。緻密さが決定的に必要な学問だと思える数学の権威が言われているところに重みがあるのです（岡潔『春宵十話』角川ソフィア文庫、2014）。適切な対応をするためにも、細かい心配りが必要だということです。

　人と人との信頼は事務の正確性だけでは築けません。相手の気持ちを汲む努力が、住民からの強い信頼につながっていきます。

▶▶ サービスの内容と質を自覚する

相手の立場に立つことと併せて大切なことは、私たちがどのような
サービスを提供しているのかを理解し、その質を自覚することです。

サービスとは、顧客の満足のために「何かの活動」をしたり、「無形
の価値」を提供したりするものです。その意味で、実は不利益処分を行
う部署なども含め、行政事務はまぎれもないサービス業だといえます。

しかし、私たち自治体職員の仕事は、住民に単純に喜んでもらえる事
務ばかりではなく、誰を満足させるために、何を提供しているのか、理
解しないまま事務をしていることがあり、ともすれば、提供しているサー
ビスの質をしっかり検証できているとはいいがたい現状があります。

自治体職員は、住民から信託を受けた首長のもとで、住民から預かっ
た税金で仕事をするわけであり、**端的にいえば私たちのサービス内容は、**
「住民（の代表）が決めた条例などのルールに基づいた適切な自治体運営」
だといえます。つまり、顧客は「住民全体」であり、サービス内容は「適
切な自治体運営」の一部であるということが全自治体職員が持つべき基
本姿勢です。

これらを理解すると、ルールを破ってまで我を通してほしいといった
住民の訴えがあったとしたら、それは住民全体の顧客満足のためにはな
らない訴えであり、趣旨を丁寧に説明し、毅然と対応すべきであること
が明らかになります。

一方、具体的に皆さんが受け持つ事務で、満足させるべき顧客が誰で、
提供すべきサービスと求められる質は何かを整理して押さえておくと、
満足させるべき住民から、理に適った改善の要望があったときは、真摯
に受け止めなければならないということも見えてきます。

クレームを受けたとき、相手の言い分をすべてイチャモン扱いし、す
べき改善につなげずに信用を失ったり、逆に、事なかれ主義で毅然とし
た対応をとらず、何にでも頭を下げて余計に解決の糸口を見えなくして
しまったりする場面を、自身の失敗も含め、何度も経験し、見聞きもし
てきました。このようなトラブルを防ぐためにも、サービス業としての
自覚とその内容を理解することは、自治体職員にとって重要です。

▶▶ 誠意をもって趣旨や理由を説明する

　仕事の内容を理解すると、対応の変化となって表れます。例として「保育所の保育料が高すぎる！」と訴えがあったとします。

　「何を言っているんだ、この人は」という気持ちが顔に出てしまうのは論外です。先述した機嫌をコントロールする心掛けに努めましょう。

　あくまで一般的対応ですが、「いろいろ子育て費用がかかるなかで大変な状況かと思います」といったように、まずは相手の言い分を受け止めることが基本です。しかし、それだけだと相手が「だから私はそう言っているんだ」と乗ってこられるだけになるので、受け止めた後は、行政側の言い分を伝えなければなりません。

　「すみません、高いですよね（苦笑）」という無責任にへつらう対応で、なんとかその場を逃れようとする職員もいます。これも対処法の一つではありますが、とりあえず済んだとしても「私の苦しみを理解してくれない職員だな、これ以上はこの人と話しても意味がない」と相手は愛想を尽かしてそれ以上怒ってこないだけなのかもしれません。

　ここでは、「住民税額ごとの本自治体の保育料を定めた表がこちらです。あなたの住民税額がこの金額ですので、保育料はこの額になります」と、制度に照らして説明し、何かの減免制度の対象になる可能性があるなら、それを紹介します。

　さらに、相手の反応を見ながら「本自治体で定める保育料はこの金額ですが、国が示す基準額より少し低額にしています。これは保育所に通わせずに家庭で育児している住民の税金も含めた住民全体で負担しています」というように、幅広い住民の視点に基づく説明も付け足しましょう。これが自治体運営を託されている立場としての「説明責任」です。

　私たちは、あくまで住民（の代表）が決めたルールに基づいて事務を行っています。気分を害するような言葉をかけられても、ルールを守り、丁寧に制度趣旨を説明することが、適切な運営を託されている私たちの大切な義務だといえるはずです。

2|3 ◎…実情と現場を知って アドバンテージを 手に入れる

▶▶ 現場を知ることで想像力の不足を補う

　子育て支援の業務は、支援の対象である家庭の状況や、その家庭をつなぐ先の施設や事業・サービスをよく理解することが非常に大切です。

　ちょっとした窓口での会話でも、例えば、住民に「それは大変でしたね」と言葉をかけたとき、共感してもらえたと伝わるか、取ってつけたように聞こえてしまうかは、発言した人がその苦労の度合いをどれだけ理解しているかに左右されます。

　他者の気持ちや状況を理解するということは**正しく想像すること**です。**これができれば、適切な対応につなげられますし**、信頼を築くこともできます。逆に、誤った想像は誤解につながって相手が気を悪くするかもしれません。あるいは、想像さえもできなければ、行き当たりばったりの対応となって話が噛み合わない結果にもなりかねません。

　といっても人生経験には限界があります。想像する力を補い、適切で良質な業務を進めるためにも、当事者の話を聞いたり、現場を訪問したりするなどして、見聞を広げていきましょう。

▶▶ 通り一辺倒の対応は相手に信用されない

　入庁1年目、保育所入所事務の担当だった私は、保育所の入所選考に漏れて待機となる大勢の保護者の方々に、それを知らせる通知を送っていました。たくさんの方が困って窓口に来られましたが、最後まで納得いただけなかったお父さんの「（自営の工場で）子どもが危険な環境のなかで子どもを見ながら仕事をしているのに、何も知らんまま決めや

がって」という言葉が心に刺さっていました。

　従前から国は、保育所入所の決定にあたっては、画一的な書面審査に頼ることなく、必要に応じて実地調査を行うこととしてきました。

　保育所の利用調整では公平性や透明性が求められるため、家庭での保育が困難な度合いを点数化している役所がほとんどです。そのようななか、実態を詳しく把握したとしても、それを選考に適切に反映させることは難しいことも事実です。しかし、人生経験の不足からその家庭の状況を全くイメージできていなかったのもまた事実でした。後ろめたさが残った私は、次の年には、特に入所可否のボーダーライン付近の家庭については、実地調査も取り入れて決定することとしました。

　例えば、農家のお母さんは、畦道で子どもを遊ばせながら農作業をされていました。また、自営の店を切り盛りしていたお母さんの傍には低い円形の囲いが置いてあり、そのなかで子どもが玩具で遊んでいました。どれも見に行かなければわからないことでした。そうした事例をいくつも見ていったことで、その後の窓口対応でも、相手の琴線にふれる寄り添った言葉かけができたり、逆に、相手がことさら大変さを主張されても、相手のペースに呑み込まれずに冷静に状況の聞き取りができたりするようになりました。このように子育ての実際を知る努力をすることは、窓口対応や施策の充実において、非常に大切な視点だといえます。

▶▶ 相手のリアルな状況をカラーでイメージする

　実地に訪問することだけが理解の方法ではありません。提出いただいた書類から、申請者のリアルな状況をカラーでイメージできるようになることも大切です。

　例えば、保育所入所の申請で、両親がフルタイムで働いている状況だと書かれていれば、入所の優先度合いが高いと一般的に判断されます。しかし、今日のこの日もフルタイムで働いているとすれば、子どもはどこで過ごしているのか、認可外保育施設なのか、それとも実は入園後にフルタイムになるという話なのか、いや、祖父母が見ているか。など、状況を想像することで、申請者に確認しなければならない内容や、必要

な書類が見えてくることもあります。

▶▶ 実地に知る

　また、実地に知った内容が役に立つのは、窓口担当だけではありません。管理政策部門の職員も、子育てにどんな悩みがあるのかイメージがつかめないのならば、実際につどいの広場などの地域子育て支援拠点をのぞいてみればよいのです。

　乳幼児健康診査の会場で、希望者には個別に子育ての悩み相談に応じている自治体もあります。実際に保護者がどんな悩みを抱え、それに対して現場の職員がどのように対応しているかがよくわかります。その様子を見に来られて嫌がる現場はありません。

　また、窓口ではどんな相談が多いのかなど、窓口職員にヒアリングするのもよいでしょう。建前としての答えではなく、赤裸々な状況を聞けるように、聞く相手や場を工夫することも大切なポイントです。

　管理政策部門の担当者のなかには、現場担当者は自分たちがわかるように説明し切るのが当たり前であり、自分たちが意義を理解できなければ事業・予算はカットして当然だと思っている人が少なからずいます。しかし、現場担当者がどんなにわかりやすい説明をしても、管理政策部門の担当者にその経験がなく、想像力もなければ、正しい理解は不可能です。管理政策部門の担当者こそフットワークを軽くして、現場の状況や考えを柔軟に聞き、視野や理解を広げることで、効果的な施策立案につながるのではないでしょうか。

▶▶ 施設の立地や地域の地理を実感する

　施設の利用に関して相談を受けたり、事業やサービスを紹介したりするときには、立地や場所を地図で案内することと思います。そのためにも、**現地を一度見ておいたほうがよいでしょう**。

　担当者によっては、案内する際、書類に掲載している内容以外のことはあえて知らないほうがよいと考える人もあります。たしかに、特に民

間事業者の経営する施設・サービスに対する個人的な印象が、窓口での対応に表れてしまうことは慎まなければなりません。

しかし、車の運転が苦手な方には行きづらいところだったり、坂が急だったり、地図ではわからない距離感などいろいろと発見があるものです。自分が足を運んで目で見たものは明らかに説明しやすくなります。

自分が利用者になったつもりで、現地に足を運ぶ機会をなるべく早くつくるようにしましょう。

▶▶▶ 施設の経営者・従事者の考えを聞く

地域の子育て支援に携わる施設や事業所の長・職員をはじめ、施設関係者とは、月例の書類配付の機会を活用して状況を聞き取るなど、積極的にコミュニケーションをとるようにしましょう。

施設が普段どのようなことに留意していて、また悩んでいるかがわかると、利用している保護者から私たちに苦情や意見が寄せられた場合も、どういった趣旨や経緯によるものか、ある程度の想定ができ、対応の方向性が見えることもあります。また、普段から関係性ができている施設や事業所とは調整がしやすいことも大きなメリットです。

また、同じものを見ていても立場が異なれば見え方が異なり、これまで自分に見えていなかった景色を教えてくれます。私は得意気に公立園の立場に立った話を私立園の経営者に話し、考えの相違を指摘され、冷や汗で背中がびっしょりになったこともあります。

失敗も経験です。コミュニケーションを積極的にとることで、同じ業種の方々が好む言葉遣い、あるいは逆に「この業界のことをわかっていないな」と受け止められてしまうフレーズの両方を知ることができます。これにより、今後の対話で、いわゆる「地雷を踏む」ことが減るかもしれません。ただし、一人だけから聞いた話でその立場の方全員の考えを知ることはできないことには留意が必要です。

大事なことは礼を失しないことです。時間を割いて、知識を分けてくださっている相手に感謝の気持ちをもって聞いた話は、仕事のステップアップや人生観の深まりにつながることがたくさんあるでしょう。

◎…客観的な状況の見極めと連携した支援を行う

▶▶ 子育て支援では連携・ネットワークが重要

　１－４でも福祉や保健、教育など領域を超えた多岐にわたる連携が子育て支援の特徴であることを見てきました。たしかにそれがうまく機能し、連携できれば効果的ですが、その一方で、自分の所属する係や課、部、局の外でどのような関連業務がなされているか、また、地域にある社会資源が頭に入っていなければ、有効な手立てにはつながりません。実際に、相談に来られた住民に対して、その窓口で手続きできる内容以外の案内がなく、より適切な部署につないでもらえずに相手が不機嫌になってしまった事例を何度も見てきました。

　気持ちの余裕や知識が多くない、課題を抱えた子育て家庭の側から見れば、対応してもらえる部署や窓口を誤りなく訪れることはかなり難しいことです。

　そうした観点を踏まえ、母子保健や家庭での子育ての支援、幼児教育・保育の提供などにおいても**子育て世代包括支援センター（2024年度からこども家庭センター）**や**地域子育て支援拠点、利用者支援事業**などの連携・ネットワーク活用に関する施策が複数あります。これらを有効に機能させることが大切です。

▶▶ 当事者の状況・困りごとを冷静に把握・理解する

　まずは連携の前提となる相談対応の基本を振り返りましょう。相談に対応するときは、相手がどんなことを思っているのか、相手の心の風景をよく把握します。必ずしも同調する必要はありません。丁寧に相手の

話を理解しようとする態度に努めます。そうすると傾聴に徹することになり、それが相手には好印象に映ります。

　苦情クレーム対応アドバイザーの関根眞一さんは、相手が興奮しているときこそ、話が途切れた頃合いを見計らって、相手の話の要約を落ち着いてゆっくり話すことが有効だと教えています（『教師はサービス業です―学校が変わる「苦情対応術」』中公新書ラクレ、2015）。ここで気を付ける点は、相手の話す内容は、当人から見える風景であるということです。**内容はあくまで当人の受け取りであって、事実は判然としないのか、それとも客観的な事実なのか、聞きながら自分のなかで整理していきます。**

　この手法は、政策部門や管理部門での電話対応にも有効です。ここにかかってくる電話は、どの部署でも受けてくれず、たらい回しにされてイライラしながらかけてくるパターンや、現場に近い部署では解決できなかった込み入ったパターンが多いからです。

　そして、①相手の主観に基づく状況や望むこと、②客観的な状況や妥当な解決の方向性、が見えてきたら、①と②が重なる部分、つまり相手と認識を共有できる部分を探ることで、今後の支援につなげる取っ掛かりにしたいところです。

図表8　家庭の状況の見極めと家族側からの状況の理解

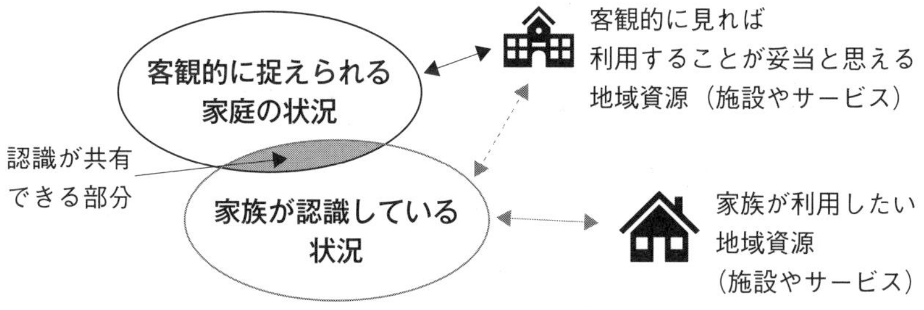

（NPO法人子育てひろば全国連絡協議会編集、橋本真紀、奥山千鶴子、坂本純子編著『地域子育て支援拠点で取り組む利用者支援事業のための実践ガイド』中央法規、2016、p. 41 図表3-4 を基に著者作成）

▶▶ 支援の選択肢を知ることが武器になる

　次に、連携した支援を実施するには、子育て家庭をつないでいく相手となる施設や事業所についての私たちの理解が不可欠です。

　まず、自治体が発行している地図や要覧を見て、どこにどのような施設や事業所があるかを確認しましょう。NPO法人などが実施する子育て支援の取組みも掲載した「子育てマップ」を作成する地域もあります。

　一方、施設や事業所は、住民に認知され利用者にも利用しやすいよう、わかりやすく親しみやすい名称が付けられており、関係者以外には、どのような類型の施設なのか判然としないこともあります。私の地域でも、複数の児童発達支援センターや児童養護施設、児童自立支援施設などが「〜学園」という名称となっており、当初、それらの施設の趣旨や支援の違いについてしっかりと理解できていませんでした。

　例えば、児童福祉施設といっても、児童養護施設や障害児入所施設、母子生活支援施設、保育所に始まり、数多くの種類があります。また、それら児童福祉施設や幼稚園・学校を含めた公的機関のフォーマルな支援以外にも、地域住民の支え合いによるインフォーマルな取組みもあります。

　皆さんの地域にある施設や事業所が、どういった類型に該当するかを調べるとともに、その類型の施設は、どのような趣旨でどんな支援や取組みを行うのかを確認して、理解を深めていきましょう。

▶▶ 連携した子育て支援の典型的なパターン

　子育て支援における連携の典型的なパターンを2つ紹介します。未就園（まだ保育所や幼稚園等に通っていない）の子育て家庭を対象としたパターンと、就園中（保育所や幼稚園等に在籍している）の子どもの家庭を対象としたパターンです。

　未就園の子どもについては、母子保健担当者（保健センター）が、新生児訪問や乳幼児健診などで保護者・子どもの状況や養育上の課題を把握します。その状況により、子育て世代包括支援センター（こども家庭センター）などの担当者が中心となって、地域子育て支援拠点につなげ

るなどのコーディネートもしながら、子どもや家庭の様子・状況を継続して見守ります。また、次の段階として、保護者のニーズや子どもの発達に応じて、母子保健担当者や児童福祉担当者（福祉事務所）が、保育所や幼稚園の入園や児童発達支援センターの利用につなげることで、施設を中心とした見守りの段階に移行していきます。このつなぎにおいて、母子保健や児童福祉の担当者と、施設との日頃のコミュニケーションが活きてくることになります。

　就園中の子どもについては、その家庭の見守りは在籍する園が中心になります。園は、保健センターや福祉事務所のケースワーカーなどの専門職にも相談しながら継続して見守りを行う他、卒園後の小学校や特別支援学校の入学に向け、当該校の教職員やスクールソーシャルワーカーとも連携を図っていく必要があります。

▶▶▶ 気持ちがあれば、身近な連携で支援が進む

　ここまで関係機関や施設と子育て支援を進める連携を見てきましたが、連携すべきはそうした部外・庁外の組織・人ばかりではありません。皆さんにはまず係内や課内の身近な連携を進めてほしいと思います。

　例えば、保育所の申込みに来られた方が、乳幼児健康診査を受診しておらず、母子保健担当者が状況を把握できていない家庭だとわかったときは、このチャンスを逃さずに保健師につなぎ、保健師がその親子と窓口でコミュニケーションをとることで、子どもの発達状況を確認したり、親の相談に応じたりすることができます。

　また、乳幼児健康診査で来庁した保護者に、保育所で行っている未就園児対象の子育て相談を案内することで、親子が相談機関とつながることができ、継続的に支援を行うことができるようになります。

　昨今はDX（デジタルトランスフォーメーション）の推進で、窓口がAI化や無人化されたり、デジタルソーシャルワークといわれるWeb上での相談対応や支援提供が導入されたりしています。このような時間や場所を問わず相談対応ができるツールも柔軟に活用しながら、関わり合いを大切に、子どもと子育て家庭を支援していくことが重要です。

◎…子ども・子育て支援法の枠組みを理解する

▶▶▶ 法における給付・事業体系

　子ども・子育て支援の多様な領域にまたがって関係するのが、子ども・子育て支援法です。一つひとつの領域を見ていく前に、この法律について一通り理解しておきましょう。

　こうした複数の領域が関わる法律に目を通すことで、多様な支援があることや、そのなかでの個々の業務の位置付けが見えてきます。

図表9　子ども・子育て支援法に基づく給付・事業の体系

子ども・子育て支援給付	子どものための現金給付（児童手当）[p.163]	
	子どものための教育・保育給付 [p.56]	
		施設型給付費（認定こども園、幼稚園、保育所）[p.104]
		地域型保育給付費（小規模保育など）[p.104]
	子育てのための施設等利用給付（施設等利用費）[p.123]	

地域子ども・子育て支援事業 [p.59]

【子ども・子育て支援法】①利用者支援 [p.101、126]　②延長保育 [p.124] ③実費徴収に係る補足給付　④多様な事業者の参入促進・能力活用
【児童福祉法】⑤放課後児童健全育成 [p.96]　⑥子育て短期支援 [p.95] ⑦乳児家庭全戸訪問 [p.75]　⑧養育支援訪問等 [p.77]　⑨地域子育て支援拠点 [p.92]　⑩一時預かり [p.94]　⑪病児保育 [p.125]　⑫子育て援助活動支援 [p.95]
【母子保健法】⑬妊婦健康診査 [p.72]
※2022年成立の改正児童福祉法により、以下も実施（2024年4月施行）　○子育て世帯訪問支援 [p.77]　○親子関係形成支援 [p.94]　○児童育成支援拠点 [p.97]　○こども家庭センター [p.78、194]

仕事・子育て両立支援事業（企業主導型保育事業など）【国主体】[p.113]

　子ども・子育て支援法で決められている子育て家庭に対するサポートは大きく3つあります（**図表9**）。

　1つ目は**子ども・子育て支援給付**で、保護者へ個別に給付をする制度です。「給付」とは、現金や現物を与えることをいいます。2つ目は**地域子ども・子育て支援事業**です。市町村や、市町村から委託を受けた事業者が実施し、保護者やその子どもが支援サービスの提供を受けるものです。保護者が利用料を一部負担するものもあります。

　3つ目は、国が主体的に実施する**仕事・子育て両立支援事業**です。企業が主導で行う保育事業などがメニュー化されており、自治体も住民への案内を推進するなどしています。この3つ目の事業については、保育に関する取組みを第5章で確認するとして、前述の「子ども・子育て支援給付」と「地域子ども・子育て支援事業」について見ていきます。

▶▶▶ 「子ども・子育て支援給付」における3つの給付

　まず、「子ども・子育て支援給付」にある3つの給付から見ていきます。

　1つ目の**児童手当**は、中学生以下の子育て家庭に現金を給付するというものです。

　2つ目の**子どものための教育・保育給付**は、幼児教育・保育を実施する園に子どもが通うために必要な経費の一部を、市町村が保護者の代わりに現金を給付して補てんします。これを代理受領といいます。

　幼児教育・保育を実施する園とは、①**保育所**、②**幼稚園**（の一部）、③**認定こども園**、④**地域型保育事業**（**小規模保育、家庭的保育、企業主導型保育、居宅訪問型保育**）の子ども・子育て支援新制度でリストアップされた園のことです。

　最後に、3つ目の**子育てのための施設等利用給付**は、2つ目の「子どものための教育・保育給付」の対象外である幼児教育・保育に関する施設やサービスを利用すると、一定額まで実質的に無償となる給付が受けられます。

　「対象外」の施設・サービスとは、新制度に移行していない幼稚園や特別支援学校（幼稚部）、児童発達支援事業、預かり保育、認可外保育

施設などであり、これらの利用も後述する「幼児教育・保育の無償化」の対象となるようつくられた給付です。

　したがって、「子ども・子育て支援給付」は、大部分の子育て家庭が対象の「児童手当」で全体を支援しつつ、幼児教育・保育の提供などにおいて別のサポートがあるということになります。

▶▶ 「公定価格」は基準通りのサービス提供のための経費

　子どものための教育・保育給付とは、園に子どもが通うために「必要な経費」の一部を、市町村が保護者の代わりに現金を「給付」して補てんするものだと説明しました。

　この「必要な経費」とは、子ども一人ひとりが幼児教育・保育を受けるために月々に必要な経費の総計になります。大まかには、保育者（保育士・幼稚園教諭）の給料や教材費、園舎の維持管理費、光熱費などの費用を、園に在籍する子どもの人数で割ると、子ども一人あたりの月々の必要経費が算出されます。**これを「公定価格」といい、国の認可基準を守って保育するために最低限必要な経費として設定**されています。

　例として、乳児（0歳）の子どもを保育所で1か月保育するには、どれぐらいの費用が必要になるかを見てみましょう。乳児には保育士を手厚く配置する必要がありますので（乳児3人に対して保育士1人）、概ね1か月あたり15〜25万円かかります（内閣府ホームページ「令和3年度　公定価格単価表」より著者試算）。

　例えば、大都会の真ん中の小規模な人数の園で保育すれば、物価も考慮されて子ども一人1か月あたり概ね25万円程度の公定価格となる一方、地方の大きな園舎において、多くの子どもを一度に保育すれば、スケールメリットも働き、概ね15万円程度となります（なお、ここでのスケールメリットとは、例えば、園の規模にかかわらず園長は1人なので、子どもの数が多い園ほど、子ども一人あたりの園長人件費は安くなるということです）。

　このような多額の費用を負担することは、ほとんどの家庭では不可能です。そこで、園に通わせる保護者に対して、その経費の一部について

は、直接市町村から園に支払う**給付費**で一部の費用を補てんし、保護者は残りの費用（**利用者負担額**、いわゆる保育料）を支払えばよいという制度の立て付けになっています。

　利用者負担額は、子どもの年齢、きょうだいの順、保育必要量（p.120）、保護者などの所得に応じて自治体があらかじめ定める金額であり、実際には住民税額を根拠に算出します。なお、後述する「幼児教育・保育の無償化」により、3歳クラス以上を中心に無償となっており、無償化分は給付費として公的に負担されています。

　「公定価格」と「給付費」、「利用者負担額」の関係は**図表10**のとおりです。

図表10　公定価格と給付費、利用者負担額の関係

※園外保育費・制服代、
　追加の教育活動に係る経費など

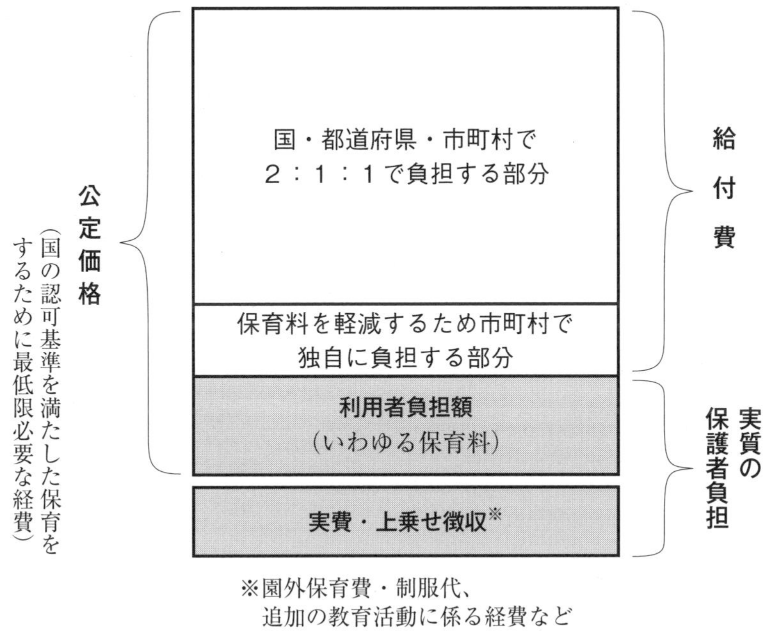

「給付費」＝「公定価格」－「利用者負担額」

▶▶ 幼児教育・保育の無償化

　利用者負担額の理解で大切なのは、少子化対策の柱として 2019 年 10 月に開始した幼児教育・保育の無償化を押さえることです（**図表 11**）。

図表 11　幼児教育・保育の無償化（対象施設のイメージ図）

■共働き家庭・ひとり親家庭など（「保育の必要性の認定」あり）

	0〜2歳クラス	満3歳	3〜5歳クラス
・保育所 ・認定こども園 ・地域型保育事業所	非課税 は無償 （3号）	無償 （2号）	無償（2号）
・一時保育 ・認可外保育施設 ・企業主導型保育事業（ 企 ）	非課税 は一定額まで無償 企 は国標準額まで無償 （新3号）		一定額まで無償 企 は国標準額まで無償 （新2号）
・幼稚園 ・認定こども園 ※満3歳から正式入園の場合	非課税 は一定額まで預かり保育が無償（新3号）	→一定額まで無償（1号、新1号） 一定額まで預かり保育が無償（新2号）	
・児童発達支援事業など			無償（新1号）

■専業主婦（主夫）家庭など（「保育の必要性の認定」なし）

		3〜5歳クラス
・幼稚園 ・認定こども園 ※満3歳から正式入園の場合		一定額まで無償（1号、新1号） （預かり保育は無償化対象外）
・児童発達支援事業など		無償（新1号）

　※ 1・2・3号……教育・保育給付認定
　※新1・新2・新3号……施設等利用給付認定
　※ 非課税 ……住民税非課税の世帯

　この制度は、**概ね3歳（いわゆる年少）クラスから5歳（年長）クラスまでの幼児教育・保育などの利用が無償**になるものです。なお、通園送迎費や給食費、行事費などについては、保護者が別途負担します。

　幼稚園や保育所以外の施設・事業の利用についても対象になっていますので、よく確認しておきましょう。

▶▶ 地域子ども・子育て支援事業の費用負担

　次に、地域子ども・子育て支援事業は、市町村が地域の必要性に応じて実施します。子ども・子育て支援法には 2022 年度時点で 13 種類のメニューが挙げられており、市町村や、市町村から委託を受けた事業者が実施します。費用は、国と都道府県、市町村で必要経費を概ね 3 分の 1 ずつ負担することを基本としています。内容は、次章以降で見ていくとして、ここでは費用負担の一般的なイメージを示しますので、予算・決算などの経理面に慣れない人は、基本を押さえておきましょう。

図表 12　地域子ども・子育て支援事業の費用負担のイメージ

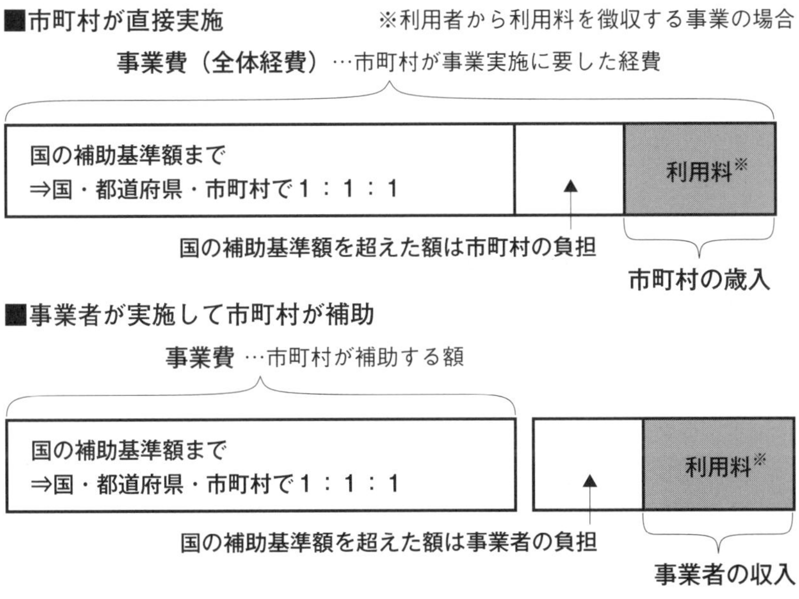

■市町村が直接実施　　　　　　　　※利用者から利用料を徴収する事業の場合

事業費（全体経費）…市町村が事業実施に要した経費

国の補助基準額まで
⇒国・都道府県・市町村で 1：1：1

利用料※

国の補助基準額を超えた額は市町村の負担

市町村の歳入

■事業者が実施して市町村が補助

事業費 …市町村が補助する額

国の補助基準額まで
⇒国・都道府県・市町村で 1：1：1

利用料※

国の補助基準額を超えた額は事業者の負担

事業者の収入

※全体経費から利用料収入を差し引いた額が、国の補助基準額を超過するパターンを記載

2|6 ◎…法規の理解が 子育て支援事務の 土台になる

▶▶ 根拠に基づく対応が安定した事務を生む

　私たち自治体職員の事務は、国の法律や政省令、自治体の条例・規則などの法規によって形作られています。さらに、要綱や要領なども事務の根拠としていますが、例えばその種類によって、住民に義務が生じる内容か、それとも私たちがいわゆるお願いのレベルで住民に伝えている内容かが変わります。それらを正しく理解して、誤った窓口対応を防ぐとともに、権限を正しく理解して適切な制度運用につなげましょう。

▶▶ 法律における用語の定義を確認する

　これから保育所などの利用に向けた教育・保育給付認定の申請手続きを例に、法規の読み方を見ていきますので、参考にしてみてください。

> 例1　保育所に子どもを通わせたい保護者が、教育・保育給付認定を
> 受けて保育所に子どもを入所させるには、自治体の窓口に教育・保
> 育給付認定申請書を提出します。なぜ必要なのでしょうか。

　申請には「教育・保育給付認定申請書」などと名前が付いた申請書を提出します。これは子ども・子育て支援法第20条にそのような規定があるからです。

■子ども・子育て支援法

　（市町村の認定等）

> **第20条** 前条各号に掲げる小学校就学前子どもの<u>保護者は</u>、子どものための教育・保育給付を受けようとするときは、<u>内閣府令で定めるところにより</u>、市町村に対し、その小学校就学前子どもごとに、子どものための教育・保育給付を受ける資格を有すること及びその該当する同条各号に掲げる小学校就学前子どもの区分についての認定を申請し、その認定を受けなければならない。
> （第2項以降省略）　※一部著者加筆

> **例2**　教育・保育給付認定の申請で、「親が行方不明だ」として、子の祖母が申請者欄に名前を書いて持参された場合、どのように対応すればよいでしょうか。

「欄の名前が『保護者』となっているから、これは親のことだろう」「いや、窓口にすでに来られているのだから追い返すと、もめるのではないか」「いや、よくわからないが、ややこしいから、いっそのこと『保護者』欄を親の名前に書き直して受け取ったらどうか」など、安直に判断すると後で余計に話がややこしくなります。申請できる者は誰なのかを法規で確認することが「根拠に基づく」ということです。

法第20条には申請する者を「小学校就学前子どもの保護者」としています。法律は、たいていはじめのほうに用語の定義を規定しています。子ども・子育て支援法も同様です。

> **■子ども・子育て支援法**
>
> 　（定義）
> **第6条**
> （第1項省略）
> 2　この法律において<u>「保護者」とは、親権を行う者、未成年後見人その他の者で、子どもを現に監護する者をいう。</u>
> 　※一部著者加筆

この条文を読むと、今回のケースは、祖母が子を監護（監督・保護）する者だと認めるためには、状況をよく聞き取った上で、どのような挙証資料が必要かという観点で対応を検討すればよいのだとわかります。

> 例3　例2について仮にこの市町村では、実親が失踪したことを挙
> 証資料で確認の上、祖母を申請を行うことができる監護者と認めた
> として続きを見ていきます。この市町村の申請書で記載しなければ
> ならない内容は、何の規定に基づき決められているのでしょうか。

　子ども・子育て支援法の条文を振り返ると「内閣府令で定めるところ
により」市町村に認定を申請し、その認定を受けることとあります。
　国のルールは本来立法府である国会でしかつくることができないもの
ですが（それが**法律**です）、詳細な手続きの策定は内閣や各省大臣に委
ねている場合があります。また、法律で行政がつくる「命令」に委ねる
旨を明記した上で、具体的な義務や罰則に関する決まりの策定を内閣（**政
令（施行令）**）や各省大臣に委ねているものもあります。内閣総理大臣・
各省大臣が定める命令を、それぞれ**内閣府令（施行規則）・省令（施行
規則）**といいます。ここでは子ども・子育て支援法に基づく内閣府令で
ある子ども・子育て支援法施行規則を確認します。

┌─────────────────────────────
│**■子ども・子育て支援法施行規則**
│　（認定の申請等）
│**第2条**　法第20条第1項の規定により同項に規定する認定を受けようとす
│　る小学校就学前子どもの保護者は、次に掲げる事項を記載した申請書を、
│　市町村に提出しなければならない。
│　一　当該申請を行う保護者の氏名、居住地、生年月日、個人番号（略）
│　　及び連絡先（略）
│　二　当該申請に係る小学校就学前子どもの氏名、生年月日、個人番号及
│　　び当該小学校就学前子どもの保護者との続柄
│　三　認定を受けようとする法第19条第1項各号に掲げる小学校就学前子
│　　どもの区分
│　四　法第19条第1項第2号又は第3号に掲げる小学校就学前子どもの区
│　　分に係る認定を受けようとする場合には、その理由
│　（第2～5項省略）
└─────────────────────────────

　「法第20条第1項の規定により」とありますので、これで法第20条

と施行規則第2条がリンクしていることがわかります。

　これにより、申請にあたっては、ここで規定している事項が網羅されている書類と、規定の添付書類の提出が必要だとわかります。法律を確認するときは、委任されている事項が規定されている命令（政令、内閣府令、省令など）の当該箇所も読み、理解に漏れのないようにします。

▶▶ 「要綱」や「要領」の位置付け

例4　この自治体の申請書には、左肩に「（様式第2号）」と記載されています。これは何を示しているのでしょうか。

（様式第2号）　　　　　　　　　　　　　　　2号・3号認定用

教育・保育給付認定申請書（2号・3号認定用）兼保育利用申込書
　　　　　　　　　　　　　　　　　　　年　月　日
神戸市長　及び　　　　　福祉事務所長　宛
子ども・子育て支援法第19条第1項第2号又は第3号に掲げる小学校就学前子どもの保護者として、以下の事項に同意の上、教育・保育給付認定を申込みます。
なお、児童福祉法第24条第3項に基づく利用に係る調整及び（都道なしに）保育所における保育（保育所入所希望）に係る申し込み、
なお、この申請書及び添付書類の写しは、利用内定の取扱い・審査申込として、連携及び利用希望先判断確定・処のための保護者及び児童養育者の市県民税等課税状況について神戸市が確認することと、他市職の住民系の付属の情報について神戸市が閲覧することに同意します。

※神戸市子どものための教育・保育給付等事務要綱に規定
　する様式第2号をサンプルとして提示

　自治体では、議会の議決により制定する**条例**や、長などが法令の範囲内で制定する**規則**があります。さらに、実務を行うにあたり、**要綱**や**要領**を定めることがあります。この市町村でも認定事務などに関して要綱を定めていました。そのなかで法第20条の認定を受けようとする場合は、申請書（様式第2号）を提出する旨が記載され、要綱の末尾に様式が規定されていました。

　要綱や要領は、公正で公平な対応など、適正に事務を執行するために、行政内部における事務取扱の基準や手続きをあらかじめ定めるものです。要綱で直接住民の権利を制限したり、義務を課したりすることはできません。また、審査基準や処分基準、行政指導指針を定める際には、公正の確保や透明性の向上のため、住民の意見をあらかじめ聴いた上で策定することとされています。

　このように、私たちは、自治体自らがあらかじめ定めた要綱の縛りのもとで、適正・公正な業務を進めることとしています。

　なお、国が法律を改正した場合には、自治体で策定している要綱なども併せて改正する必要がないか、よく確認する必要があります。

悪質なクレームや不当要求行為

　業務を行うなかで、時に苦情や厳しい要望を受けることはありますが、なかには悪質なクレームや不当な要求もあります。それらによって通常の業務に支障をきたすことがあり、その対応に大きな精神的ストレスを抱える職員もいるなど深刻な問題があります。

　ただ、クレームといっても、職員の態度や言葉づかいが発端であるものも少なくありません。まず、あいさつや身だしなみ、話し方など対人関係における礼儀の基本を押さえることにより、クレームの発生防止に努めます。

　また、クレームを受けた際も、事実を把握しながら、私たちのほうが感情的になることなく、不満がある住民の心情に寄り添って誠実に対応することが基本です。併せて、早めに上司や同僚と情報を共有し、個人で抱え込まないようにします。

　しかし、誠実に相手の話を聞き、説明責任も果たし、社会通念上合理的な範囲で適切に対応したにもかかわらず、私たちが説明した内容が相手の望む内容と異なることを理由に、執拗に要求が繰り返される場合などは悪質だと言わざるを得ません。こうしたクレームは**不当要求行為**である可能性があります。不当要求行為の定義は、各自治体で規定する要綱などに定められていますが、大きくは、①**要求内容が不当**である場合と、②**要求の態様が不当**である場合とがあります。

　①は、正当な理由なく特定の事業者・個人に有利な取扱いをするよう求めるなど、公正な職務の執行を妨げる要求などを指します。②は、暴力や乱暴な言動など社会的相当性を逸脱する手段による要求などを指し、土下座や上司による対応を強要するなどもこれにあたります。

　不当要求行為に対しては、相手に対してこれ以上の対応はできないことを明確に意思表示（通告）することが大切です。特にそうした悪質なクレームに対しては、複数職員で対応し、応対の記録をとるとともに、必要に応じて会話（通話）を録音したり、長時間に渡り要求内容が繰り返される際には毅然と対応を打ち切ったりする判断も必要です。

第 3 章

母子保健

分野別に取組みの意義や業務の概要などを見ていきます。この章では、妊娠前から子育て期にわたる母子保健の取組みを押さえましょう。母子保健が子育て支援の基盤的な取組みであり、他分野の職員もよく知る必要があることを実感するでしょう。

3｜1 ◎…すべての子どもが健やかに育つ社会をつくる

▶▶▶ 妊娠前から子育て期にわたる切れ目ない支援

　母子保健は、妊娠期から周産期（出産前後の期間）、乳幼児期、学童期、思春期、そして妊娠期へと循環するライフサイクルを通じて切れ目ない取組みを実施することで、母性・父性を育み、児童が心身ともに健やかに育つことを目指します。まず、母子保健のビジョンである「健やか親子21」と、母子保健に関係の深い成育医療の法律から見ていきます。

○健やか親子21

　母子保健における21世紀の主要な取組みを提示するビジョンとして、2001年にスタートしたのが健やか親子21です。2015年度に始まった第2次計画では、①日本全国どこで生まれても、一定の質の母子保健サービスが受けられ生命が守られる、地域間の健康格差解消と、②疾病や障がい、経済状態などの個人や家庭環境の違いといった多様性を認識した母子保健サービスの展開という大きな2つの視点に基づいた取組みを進め、すべての子どもが健やかに育つ社会を目指しています。

○成育基本法

　2018年に成育基本法（成育過程にある者及びその保護者並びに妊産婦に対し必要な成育医療等を切れ目なく提供するための施策の総合的な推進に関する法律）が制定されました。この法律は、成育医療関係施策の基本理念や国・自治体の責務、施策の基本事項などを定めており、子どもと妊産婦に対する医療・保健や、国民への教育や普及啓発、調査研究の定めなどが母子保健にも直接関係する内容となっています。

図表13 「健やか親子21（第2次）」イメージ図

（厚生労働省「『健やか親子21（第2次）』について 検討会報告書」2014）

▶▶ これまでの取組みの成果と現状

母子保健は、戦前に乳児・妊産婦の死亡率が高く、妊婦の流産・早産・死産が課題であったことを背景として、継続して取組みが進められてきました。

戦後は1947年に**児童福祉法**、翌1948年に**予防接種法**、1965年に**母子保健法**が制定され、妊婦・乳幼児の健康診査や予防接種の徹底、保健指導の充実などが進められました。それらをはじめとした取組みの成果により、現在、日本は**乳児や妊産婦死亡率**において**世界有数の低率国**になっています。

一方、**少子化・核家族化の進行・女性の社会進出**に加え、**晩婚化・晩産化、育児の孤立**などにより、妊産婦・乳幼児を取り巻く状況や課題が変化するなか、児童虐待を含め、子どもや家庭をめぐる問題が多様化・複雑化しています。

そうした喫緊の課題に対し、2016年には児童福祉法が改正され、児

童虐待対策のさらなる強化などに向けて、児童福祉法の理念の明確化がなされるとともに、**子育て世代包括支援センター**の全国展開や市町村及び児童相談所の体制強化などが定められました。なお2021年には、人工呼吸器による管理や痰の吸引などの医療的ケアが日常的に必要である児童の健やかな成長やその家族への支援充実に向けて、**医療的ケア児支援法**（医療的ケア児及びその家族に対する支援に関する法律）が制定されています。

　このように、母子保健事業は時代の課題に応じた法的な基盤整備と取組みの充実が進められて現在に至っています。

▶▶ 母子保健の3つの特徴

　次に、母子保健の取組みの特徴を3点紹介します。母子保健の事務で重視すべき視点を押さえるためにも、確認しておきましょう。

①すべての母子に継続的な把握と支援（ポピュレーション・アプローチ）

　母子保健は、母子の生命を守り、母子の健康の保持・増進が一義的な目的であり、その取組みは所管区域に住むすべての母子が対象です。

　一般的な福祉施策の在りようは、特定の福祉的課題のある状況に置かれた児童や、福祉的ニーズをもつ保護者を対象に実施するものです。

　一方、**母子保健のベースは、集団全体への働きかけ（ポピュレーション・アプローチ）**であり、母子健康手帳の交付や妊産婦の健診、乳幼児健診など、すべての母子を対象に成育過程に沿って体系的に事業を展開します。これにより母子の心身の状態を継続的に把握して支援します。

　こうしたすべての母子に対する子育て支援・親支援により、疾病の早期発見を含め、個々人が自らの健康管理や改善に主体的に取り組む**ヘルスプロモーション**の促進や、子育て家庭の**QOL**（生活の質）向上につなげています。

②個々の状況に応じた重層的な支援（ハイリスク・アプローチ）

　母子保健の取組みでは、①で挙げた集団全体への働きかけが、児童虐

待などにつながるハイリスク家庭のスクリーニング的な機能も果たしています。それぞれの母子の心身のリスク把握などを行い、重層的にフォローする事業を設定することで、保護者に寄り添いながら児童虐待の発生予防や早期発見・早期の支援などにつなげています。

図表14 「体系的」で「重層的」な母子保健事業の展開例

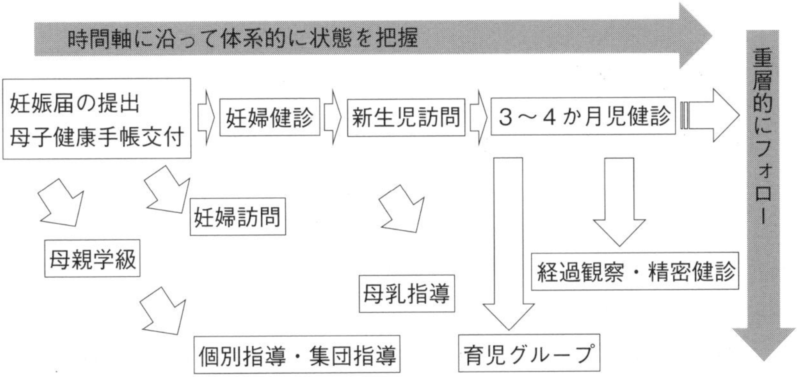

（東京都福祉保健局家庭支援課「東京の母子保健（令和4年3月改訂版）〈総論〉II 事業を行う上での視点」2022）

③家庭の内在する力を引き出す支援（エンパワーメント）

生活の多様化や子育て情報のはん濫などにより育児不安の増大などが課題となるなか、前述のすべての母子が対象となる事業を活用し、これから親になるプレママ・プレパパ対象の育児教室や育児相談会などにつなげています。それにより、育児に関する適切な情報を届け、育児方法に関する指導を受けられるようにしています。

こうした取組みの基本的な考え方は、多くの子育て家庭が、悩みながらも自分たちで問題を解決する力を内在している、いわゆる健康群であるとの前提に立っています。家庭に寄り添いながら、内在する力を引き出すエンパワーメントの観点を重視していることも母子保健の特徴です。

3 | 2 ◎…読んでおくべき 関係法規

▶▶ 母子保健法

　戦後の母子に関する保健・福祉政策は、児童福祉法（1947年制定）や1948年に決定した母子衛生対策要綱に沿って進められました。その後、広く母性と乳幼児の保健を対象とした母子保健の単独法が必要であるとの認識の高まりから、1965年に児童福祉法から独立するかたちで制定したのが**母子保健法**です。

　母子保健法では、母性の尊重・保護及び乳幼児の健康保持・増進について明記し、それらを実現するための多様な取組みが規定されています（それらの取組みは、次項以降でくわしく見ていきます）。

　なお、母子保健法における「母性」は、妊娠、出産、育児という特有の機能を果たす女性そのものを指す概念とされています。

▶▶ 児童福祉法

　児童福祉法は、児童の福祉に関する根本法規として1947年に制定され、数回の大きな改正を経て現在に至っています。

　母子保健の取組みとしては、小児慢性特定疾病医療支援（p.80）、乳児家庭全戸訪問事業（p.75）、養育支援訪問事業（p.77）などがあります。

　また、2022年成立の改正児童福祉法で子育て世帯訪問支援事業（p.77）が新設されています（2024年4月施行）。

　第1章のp.20でも重要な用語の定義を挙げましたが、それらに加えて押さえておくべき、母子保健に関する用語の定義を次に示します。

図表 15　母子保健における用語の定義（図表2に加えて）

■母

妊産婦	妊娠中又は出産後1年以内の女子	母子保健法 児童福祉法
特定妊婦	出産後の養育について出産前において支援を行うことが特に必要と認められる妊婦	児童福祉法

■子ども

新生児	出生後28日を経過しない乳児	母子保健法
未熟児	身体の発育が未熟のまま出生した乳児であって、正常児が出生時に有する諸機能を得るに至るまでのもの	母子保健法
要支援児童	乳児家庭全戸訪問事業の実施その他により把握した保護者の養育を支援することが特に必要と認められる児童（要保護児童に該当するものを除く）	児童福祉法
要保護児童	保護者のない児童又は保護者に監護させることが不適当であると認められる児童	児童福祉法

▶▶ その他の関係法

　母子保健はすべての母子を対象とした取組みであり、その実施には、医療・福祉・教育などと密接に関係、あるいは連携する必要があるものが多くあります。それに伴い、他分野の法律や制度の理解も、業務の遂行に必要となってきます。その都度、内容をよく確認するようにして、知識や理解を蓄えていきましょう。

図表 16　母子保健に関する主な法律（母子保健法・児童福祉法以外）

予防接種法	乳幼児の予防接種など
学校保健安全法	就学時健診や定期健診など
感染症法※	感染症予防など
母体保護法	不妊手術、人工妊娠中絶など
生活保護法	低所得者の分娩費（助産費）、出産手当金支給など
地域保健法	母子保健に関する地域保健業務など
医療法	病院、診療所、助産所の業務など

※正式名は「感染症の予防及び感染症の患者に対する医療に関する法律」

3 ◎…母子保健業務①
健康診査・検査

▶▶ 健康診査・検査の体系

　ここからは、母子保健の取組みの概要について、3つの大きな柱に大別して見ていきます。1つ目は、健康診査・検査についてです。主な事業の概要を確認していきましょう。

図表17　母子保健対策の体系（健康診査等）

思春期	妊娠	出産	乳児期 （〜1歳）	幼児期 （〜小学校入学）	学童期

●妊産婦健康診査 →

●乳幼児健康診査 →

●先天性代謝異常等検査

●新生児聴覚検査

●HTLV-1（ヒトT細胞白血病ウイルスI型）母子感染対策事業

●B型肝炎母子感染防止事業

（「令和3年版 厚生労働白書 資料編」より一部改変（2021年4月現在））

▶▶ 妊婦健診・産婦健診

　妊婦健康診査は、母親の健康状態と胎児の発育状態の確認をするため、保健所や産科の医療機関で実施します。妊婦に「母子健康手帳」を交付する機会などを活用して、受診券を交付するのが一般的です。

　妊婦健康診査は母子保健法に定められており（第13条第1項）、厚生

労働省告示「妊婦に対する健康診査についての望ましい基準」において、実施時期や回数、内容などが定められています。なお、子ども・子育て支援法の地域子ども・子育て支援事業にも位置付けられています。

　また、**産婦健康診査**は、産後うつ予防や新生児への虐待予防の観点から、産後2週間や1か月など出産後間もない時期の産婦に対し行います。ここでは母体の身体的機能の回復や、授乳状況、精神状態の把握などについて診査します。国は、産後うつに対する早期対応の観点から、産婦健康診査と、「産後ケア事業」をセットで実施することを推奨しています。

▶▶ 乳幼児健診

　乳幼児健康診査は、母子保健法で実施が義務付けられている1歳6か月児健診及び3歳児健診（第12条）と、市町村が必要に応じて行う健診（同法第13条）があります。市町村保健センターで自ら実施する場合や医療機関に委託する場合もありますが、ほとんどの自治体が必須の健診に加え、4か月児健診なども実施しています。

　乳幼児健康診査では、発育や栄養状況、疾病の有無、精神発達を確認するだけでなく、むし歯予防や育児面、栄養面の指導助言も行います。

▶▶ 感染症の予防と疾患などの早期発見・支援

　乳幼児期の感染症の予防や、先天性代謝異常症等の早期発見・支援を目的に、種々の検査を公費で実施しています。

　感染症については、例えば分娩時の母と子の間の感染を防ぐために**B型肝炎**や**HTLV-1（ヒトT細胞白血病ウイルスⅠ型）**に関する検査を妊婦健診時に行います。

　また、代謝やホルモン異常の疾患などを早期に発見して治療につなげるため、生後5〜7日目の新生児のかかとから採血して約20種類の疾患を検査する**先天性代謝異常等検査（新生児マススクリーニング）**も行っています。他にも、聴覚障害の早期発見・支援のため、**新生児聴覚検査**の実施が推進されています。

4 ◎…母子保健業務②
保健指導など

▶▶ 保健指導の体系

　2つ目の柱は、保健指導です。訪問指導の他、希望者への個別指導や育児学級といった集団指導があります。他にも児童福祉法に定められた支援事業があります。

図表18　母子保健対策の体系（保健指導等）

思春期	妊娠	出産	乳児期 （～1歳）	幼児期 （～小学校入学）	学童期
	●妊娠の届出・母子健康手帳の交付				
	●保健師などによる訪問指導等 （妊産婦・新生児・未熟児等）				
		●乳児家庭全戸訪問事業 （こんにちは赤ちゃん事業）			
		●養育支援訪問事業			
●母子保健相談指導事業 （両親学級等）（育児学級）					
●女性健康支援センター事業					
●不妊専門相談センター事業（不育症相談を含む）					
●思春期保健対策の推進					
		●産後ケア事業			
●妊娠・出産包括支援事業 （子育て世代包括支援センター、産前・産後サポート事業等）					
●食育の推進					

（「令和3年版 厚生労働白書 資料編」より一部改変（2021年4月現在））

▶▶ 妊娠届の受理と母子健康手帳の交付

　母子保健法では、妊娠をした場合すみやかに市町村に**妊娠届**を提出するよう義務付けています（第15条）。その届出により市町村は**母子健康手帳**を交付します（同第16条）。

　母子健康手帳は、母と子の健康と成長を記録するものであり、保健指導や健康診査において参考とする非常に重要な記録です。手帳に盛り込む内容は、医学的記録や保護者の記録の部分は内閣府令により全国で統一された様式とし（内閣府令様式）、行政情報や保健育児情報などは、内閣府令で記載項目が定められ、具体的内容は市町村が作成します（任意様式）。母子健康手帳は、在留外国人に対しても交付することとされています。

▶▶ 母親学級・両親学級、育児学級・子育て学級

　プレママ・プレパパセミナーなどの名称で実施する**母親学級**や**両親学級**は、保健師などが講師となり、妊娠中の栄養や妊婦体操、歯科衛生、お産の進み方、沐浴・母乳などの知識を伝え、個別相談にも応じます。参加者同士の交流も促し、不安解消や仲間づくりを進めます。

　また、**育児学級**や**子育て学級**は、育児に関する保護者の不安解決や、乳幼児の健康の保持増進のため、予防接種や子どもの病気、離乳食の進め方、子どもの応急処置や事故防止、むし歯予防の知識などを伝えます。

　併せて、妊婦やその夫、保護者の個別の悩み・相談に応じて、保健・育児面の助言をしつつ、必要な他の支援にもつなぎます。

▶▶ 訪問指導・乳児家庭全戸訪問

　保健師などが行う訪問指導について、母子保健法では、妊産婦健診により必要と認められる**妊産婦**（第17条）、**新生児**で育児上必要があると認められる場合（第11条）、**未熟児**で養育上必要があると認めるとき（第19条）の3つの場合を規定しています。

妊産婦の時期や新生児期、乳幼児期における保健指導は極めて重要で、保健指導のなかでも「訪問指導」は、家庭の社会的・経済的状況や衛生面などを直接目にし、家庭の特殊性に応じた保健指導を行い得る点など他の事業にはない大きな特徴があります。

なお、未熟児については、出生体重が 2,500g 未満の児を**低出生体重児**、1,500g 未満を**極低出生体重児**、1,000g 未満を**超低出生体重児**と定義されています。超低出生体重児や在宅医療が必要な子どもにおいては、子どもの状態と支援者の有無など家庭状況をしっかりとアセスメント（評価）した上で、より細やかな支援が必要になります。

一方、**乳児家庭全戸訪問事業**は児童の養育面の見守りの観点などから児童福祉法に定める事業であり、乳児のいるすべての家庭を訪問し、不安や悩みを聞いて家庭の孤立を防ぐとともに、養育環境を把握しつつ、子育て支援に関する情報提供を行い、必要なサービスにつなげます。

この事業と前述の「新生児の訪問指導」とは、第一義的な目的は異なるものの密接な関係にあることから、効果的で効率的な事業実施の観点からも、両事業を併せて行っても差し支えないとされています。

▶▶▶ 産後ケア・産前産後サポート

産後ケアは、2021 年に母子保健法に位置付けられました（第 17 条の 2）。心身の不調や育児不安が強いなど特に支援が必要な出産後 1 年を超えない母子が対象です。助産所などに通う（デイサービス）、または宿泊する（ショートステイ）、あるいは助産師などが居宅を訪問する（アウトリーチ）などの方法で、母親の健康管理や生活上のアドバイス、乳房ケアや授乳方法、乳児の沐浴などの育児技術を伝えて支援します。

また、**産前・産後サポート**は、身近に相談できる人がいない親や妊婦などに対して、地域の有志的な人材も含めた支援者が、妊娠・出産、子育てに関する悩みなどに応じるものです。

▶▶ 養育支援訪問・子育て世帯訪問支援

　養育支援訪問は、児童福祉法に基づく事業であり、保健師などが若年での出産や思いがけない妊娠・出産など、妊娠期から継続的なフォローが必要な**特定妊婦**や**要支援児童**、不適切な養育環境にある**要保護児童**などの居宅を訪問し、専門的な相談支援を行います。

　また、2022年成立の改正児童福祉法で新設された**子育て世帯訪問支援**は、支援が必要な家庭にヘルパーなどが訪問し、子育ての不安や悩みに寄り添いながら、調理・掃除などの家事や子どもの送迎などの育児支援、子育ての情報提供などを行うものです（2024年4月施行）。

▶▶ 思春期保健の取組み

　思春期は身体・精神面の発達の変化が最も著しい時期であり、その後の健康・生殖機能への影響や性の問題、思いがけない妊娠の可能性も含め、正しい保健知識の普及ときめ細かな相談対応が必要です。思春期の男女の不安・悩みに関して個別相談に応じる他、赤ちゃんとのふれあいや乳幼児健診での手伝い体験、保育所への訪問など、母性・父性の涵養を図る取組みも実施します。

▶▶ 性と健康の相談支援

　不妊専門相談センターは、不妊症・不育症の相談対応や、医療機関などとの**不妊症・不育症支援ネットワーク**も活用した流産や死産に対するグリーフケア（悲しみに対する心理・社会的なケア）、ピアサポート活動（仲間同士の支え合い）、カウンセリングなどを実施します。

　また、婦人科関係の疾患や出産などの相談に応じる**女性健康支援センター**も、保健所が当センターを兼ねるなどして設置されています。

　さらに、2022年度からは両センター事業も包括した**性と健康の相談支援センター**が、プレコンセプションケア（将来の妊娠のための健康管理を促す取組み）を含めた健康支援を総合的に推進しています。

3│5 ◎…母子保健業務③ 医療対策など

▶▶ 医療保険制度と医療対策事業

　一般的に医療費は、社会保険や国民健康保険、共済組合等の医療保険に国民それぞれが加入し、もしもの場合も医療保険が適用される治療であれば、負担は一定の割合に抑えられます。それとともに、非常に高額になる場合についても高額療養費制度により、規定の限度額までで負担額が頭打ちになるようになっています。

　しかし、継続的かつ多額の費用がかかる治療の場合は、高額療養費制度があっても負担がとても大きく、また将来的な不安も増大します。また治療内容によっては、研究段階であるものもあり、保険が適用される範囲以上の先端的医療が望まれる場合もあります。

　さまざまな事務の流れがありますが、医療対策として費用面を支援する基本的な流れは、児童・家族が医療機関を受診し、そこで取得した医療意見書などを自治体に提出し、自治体での認定審査を経て、認定に至るという流れが一般的です。

　ここではそれぞれの事業の概要を見ていきますが、手続きには申請期日や要件などが細かく定められています。お金に関わる事務ですので、詳細をよく確認した上で、窓口や電話などで対応するようにしましょう。

▶▶ 不妊に悩む夫婦・不育症治療の支援

　不妊とは、生殖年齢にある男女が妊娠を希望し、避妊をすることなく1年間通常の性交を継続的に行っているにもかかわらず妊娠が成立しない場合を指します。2020年の「全世代型社会保障改革の方針」において、

子どもを持ちたい人の気持ちに寄り添い、不妊治療への保険適用を早急に実現するよう示されたことを受け、不妊の治療の医療費については、2022年度から医療保険が適用されることになりました。

一方、いわゆる**不育症**とは、妊娠はするけれども流産や死産、新生児死亡などを繰り返すことを指します。国として、保険が適用される検査と併せて受ける保険外併用の検査費用を対象に助成が実施されています。

▶▶▶ 入院助産

助産施設とは、児童福祉施設の一種で、経済的な理由により、病院などに入院して助産を受けることが困難な妊産婦を入所させ、安全な出産をしてもらう施設です。

入院助産とは、保健上必要があるにもかかわらず、経済的に困窮しており、病院などの施設における出産費用を負担できない妊産婦について、本人からの申請に基づき、助産施設に入所させて出産をしてもらい、その費用を公費で負担する制度です（児童福祉法第22条）。

▶▶▶ 未熟児養育医療

未熟児の定義については p.76 で確認したところですが、小さく生まれた子どもは、出生直後から入院して NICU（新生児集中治療管理室）や GCU（回復治療室）で治療を継続して受けることになります。保護者にとって精神的・肉体的な負担はもとより、通常の医療保険制度だけでは経済的な負担も非常に大きくなります。

未熟児養育医療は、母子保健法第20条に基づき、早産等により出生時体重が 2,000g 以下の子どもや、生活力が特に弱く医師が未熟児として指定した子ども、医療機関での入院養育が必要であると認めた子どもなどについて、入院費用のうち保険診療にかかる自己負担額及び入院時食事療養費について、出生から最長で満1歳の誕生日の前々日まで自治体が負担する制度です。

▶▶▶ 妊娠高血圧症候群（妊娠中毒症）等療養援護費支給

　妊娠高血圧症候群とは、以前から「妊娠中毒症」という名で呼ばれてきた妊婦特有の病気の一つで、妊娠中に起こるさまざまな高血圧症疾患の総称であり、妊婦全体の3〜7%が発症するといわれています。

　妊娠高血圧症候群等療養援護費支給とは、妊娠高血圧症候群の他、糖尿病、貧血、産科出血及び心疾患のために入院日数が7日以上となる妊産婦に対し、入院治療に必要な費用の一部を援助するものです。

▶▶▶ 小児慢性特定疾病対策・特定医療費（指定難病）助成

　子どもの慢性疾患のうち、小児がんなど特定の疾患については、治療期間が長く、医療費負担が非常に高額となります。

　小児慢性特定疾病対策は、児童の健全育成を目的に、疾患の治療方法の確立と普及、患児家庭の医療費の負担軽減につながるよう、18歳未満で対象の疾病にかかっている児童の、その疾病の治療に必要な医療費の一部を助成するものです（児童福祉法第19条の2）。

　また、すでに対象になっている児童が18歳到達後も引き続き治療が必要と認められる場合には20歳未満まで延長が可能となっています。

　医療保険が適用された残りの額のうち、世帯の所得などによって定められた自己負担上限額までは児童の家庭が負担し、それを超えた分の費用は公費負担になります（**図表19**）。

　特定医療費（指定難病）助成は、国が指定した難病（指定難病）患者の医療費を助成する制度です。小児慢性特定疾病医療費助成制度の対象疾患のうち、一部の疾患は指定難病にも該当しています。なお、「指定難病」とは、①原因がわからない、②治療方法が確立していない、③希少疾患、④長期にわたり療養を必要とする、⑤日本国内で患者数が一定の人数に達していない（人口の0.1%程度）、⑥客観的な診断基準が確立している疾患である、のすべてを満たすものとされています。

　その疾患に該当する児童が成人にかけて助成を受ける場合は、20歳になる前までは小児慢性特定疾病制度により、その後は特定医療費（指

図表 19 小児慢性特定疾病にかかる医療費の自己負担上限額の例（イメージ）

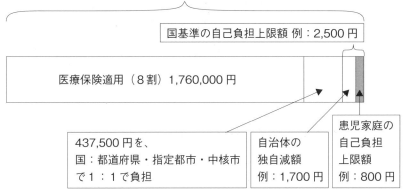

例：医療費総額が 2,200,000 円（月額）として

国基準の自己負担上限額 例：2,500 円

医療保険適用（8 割）1,760,000 円

437,500 円を、国：都道府県・指定都市・中核市で 1：1 で負担

自治体の独自減額 例：1,700 円

患児家庭の自己負担上限額 例：800 円

（ライソゾーム病に関する情報サイト「ライソライフ」https://www.lysolife.jp/ を基に著者作成）

定難病）助成を案内することになります。

　なお、小児慢性特定疾病では医療費の助成以外にも、日常生活で必要になった用具や、家族の介護負担を軽減する用具の費用に充てるための給付の他、相談支援や訪問指導、医療施設での療養生活支援、相互交流支援などがあります。

▶▶▶ 自立支援医療（育成医療）

　障害者総合支援法（障害者の日常生活及び社会生活を総合的に支援するための法律）において、**自立支援医療**が規定されています（同法施行令第 1 条の 2 に自立支援医療の種類が規定）。

　その「自立支援医療」のうちの**育成医療**とは、身体に障害のある、または、そのまま放置すると将来障害を残すと認められる疾患のある 18 歳未満の児童について、手術等の治療やリハビリテーションなどの医療費の一部を助成するものです。なお、身体障害者手帳を所持する 18 歳以上は、「自立支援医療」のなかの**更生医療**が適用されることになります。

3│6 ◎…「母子保健」と 「児童福祉」の 一体的な支援を進める

▶▶ 子育て世代への包括的な支援

　母子保健法に基づき設置された**母子健康包括支援センター（通称「子育て世代包括支援センター」）**は、2022年の改正児童福祉法に伴い、児童福祉の拠点である**子ども家庭総合支援拠点**とともに見直され、両拠点の機能・役割などを併せもった**こども家庭センター**の設置が市区町村に努力義務化されました（2024年4月施行。「子ども家庭総合支援拠点」については、第8章で見ていくこととします）。

　もともとの「子育て世代包括支援センター」の機能・役割は、本章でこれまで取り上げた母子保健の取組みと分離できるものではありません。実際は自治体の状況に応じて「市町村保健センター」の組織体制を整理・拡充するなどして、保健センターの一部門に「子育て世代包括支援センター」としての役割を担わせてきた例が一般的です。

　これまでも子育て世代包括支援センターは、①妊産婦・乳幼児等の状況を継続的・包括的に把握し、②保健師等の専門職が**妊産婦や保護者の相談に対応**するとともに、③**支援プランを策定**して必要な支援とつないだり、④**関係機関と連絡調整**したりするなど、切れ目のない支援の提供をその役割としてきました。

　また、すべての母子を対象とする母子保健事業での状況把握をベースに、**子ども家庭総合支援拠点**や**児童相談所**と地域の実情に沿った役割分担や連携を図りながら、特定妊婦も含めたハイリスク家庭といわれる家庭への対応も進めてきました。

　今後は、こども家庭センターの設置により、母子保健と児童福祉の両面の一体的な支援を進めるとともに、児童や妊産婦の福祉面の把握、情

報提供、支援を要する子どもや妊産婦などへのサポートプランの作成などを市区町村の必須事務として進めていくこととなります。

こども家庭センターの組織体制としては、母子保健と児童福祉の2つの領域を一体で管理する共通の管理職（センター長）を置き、母子保健と児童福祉双方について十分な知識をもつ統括的な支援員を置くことで、両部門の専門職が一体で支援する体制を構築するものです。

これまでも各自治体で、実情に応じてさまざまな組織体制面の工夫により、保健と福祉の連携が図られてきたところですが、基礎自治体である市区町村でしっかりと子どもの権利擁護を進めていく方向性が示されているなか、さらなる実効性のある体制づくりが求められています。

図表20　子育て世代への包括的な支援体制イメージ

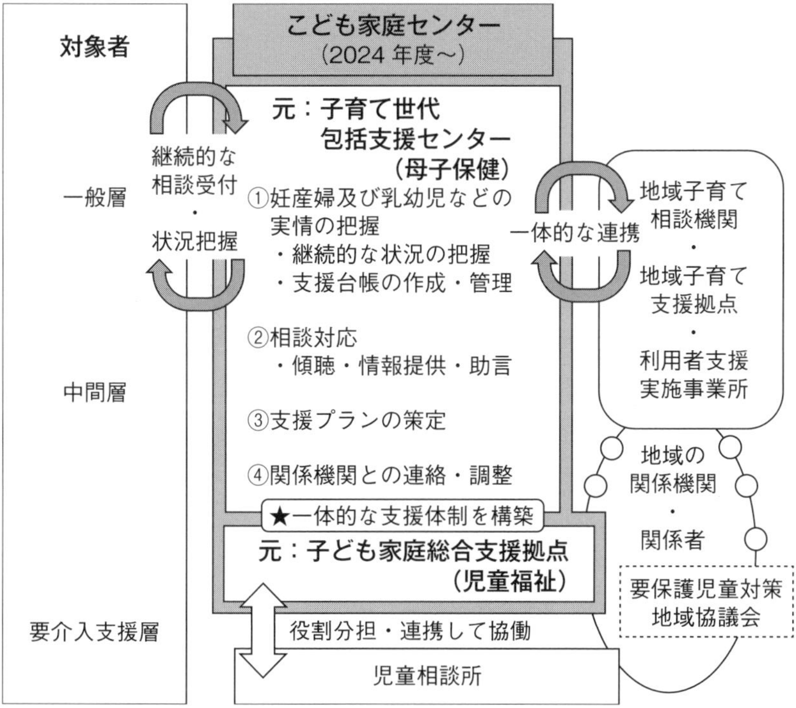

（厚生労働省『子育て世代包括支援センター業務ガイドライン』を基に著者作成）

COLUMN · 3

児童憲章

　児童の基本的人権を尊重し、その幸福をはかるため 1951 年に日本で制定された**児童憲章**は、児童福祉法の前文にも検討されていた文章と言われています。国民の道徳的規範として、当時、児童の受動的権利を中心に規定され、福祉関係者を中心に広く知られています。

　われらは、日本国憲法の精神にしたがい、児童に対する正しい観念を確立し、すべての児童の幸福をはかるために、この憲章を定める。

　児童は、人として尊ばれる。
　児童は、社会の一員として重んぜられる。
　児童は、よい環境の中で育てられる。

1　すべての児童は、心身ともに健やかにうまれ、育てられ、その生活を保障される。
2　すべての児童は、家庭で、正しい愛情と知識と技術をもって育てられ、家庭に恵まれない児童には、これにかわる環境が与えられる。
3　すべての児童は、適当な栄養と住居と被服が与えられ、また、疾病と災害からまもられる。
4　すべての児童は、個性と能力に応じて教育され、社会の一員としての責任を自主的に果たすように、みちびかれる。
5　すべての児童は、自然を愛し、科学と芸術を尊ぶように、みちびかれ、また、道徳的心情がつちかわれる。
6　すべての児童は、就学のみちを確保され、また、十分に整った教育の施設を用意される。
7　すべての児童は、職業指導を受ける機会が与えられる。
8　すべての児童は、その労働において、心身の発育が阻害されず、教育を受ける機会が失われず、また、児童としての生活がさまたげられないように、十分に保護される。
9　すべての児童は、よい遊び場と文化財を用意され、悪い環境からまもられる。
10　すべての児童は、虐待・酷使・放任その他不当な取扱からまもられる。あやまちをおかした児童は、適切に保護指導される。
11　すべての児童は、身体が不自由な場合、または精神の機能が不充分な場合に、適切な治療と教育と保護が与えられる。
12　すべての児童は、愛とまことによって結ばれ、よい国民として人類の平和と文化に貢献するように、みちびかれる。

第 4 章

家庭での子育てと子ども育成支援

在宅育児中の家庭に対する支援と、小学校就学以降の子どもの育成支援について見ていきます。この分野は、幼児教育・保育や障がい児支援、学校教育などの取組みの隙間を埋めて、安心して子育てができるよう支援する大切な取組みといえます。他分野の職員にとっても、よく確認が必要な内容です。

4|1 ◎…在宅での子育てを支え、学齢期の子どもを育む

▶▶ 子育ての関わり合いが希薄化している

　主に児童福祉法において推進されている「子育て支援事業」から、家庭での子育てに対する支援や、学童期（主に小学生）の子どもへの育成支援について見ていきます。

　共働き家庭の増加などにより、保育所や認定こども園に乳幼児の早期から子どもを通わせる家庭は増加していますが、それでも育児休業の活用などにより、0歳児の82.5％、1～2歳児の44.0％は、保護者が家庭で育児をしている状況です（厚生労働省「保育所等関連状況取りまとめ（令和4年度）」の保育所等利用率より）。園の場所や定員の空きなどの条件が揃わない場合や、子どもや親自身が園になじめなかった場合など、保育を利用したい希望はあっても未就園の場合もあり、**無園児**とも呼ばれています。家庭での子育ての状況はさまざまですが、親類や地域資源との関係が希薄で、育児や子どもの発達面などについて悩みを抱えていたり、養育面の支援が必要であったりする例は少なくありません。

　また、視点を小学校以降に移すと、日中保護者が留守の家庭における放課後や夏休みなどの子どもの居場所や、家庭の経済状況などの影響による学校教育以外での体験や学習機会の格差が課題となっています。

▶▶ 家庭での子育てと子ども育成支援の体系

　家庭での子育てに対する支援は、①**子育て親子の交流、相談・援助、情報提供**と、②**非定期的な預かり、育児の支援**に分けて捉えることができます。また、それらに加え、③（主に就学後の子どもに関する）**育成**

支援、居場所支援、体験・活動、保護者支援の３つに整理し、この章で挙げる事業の体系を確認しておきます（**図表21**）。

図表21　家庭での子育て・子ども育成支援の体系

	乳児期 （～1歳）	幼児期 （～5歳）	学童期 （小学生）	少年期 （～18歳）
①子育て親子 の交流 相談・援助 情報提供	◆──●地域子育て支援拠点 ──▶			
	◆──●地域子育て相談機関 ──▶ 　　　（2024年度より）			
	◆────●親子関係形成支援（2024年度より）───────────▶			
②非定期的な 預かり 育児の支援	◆──●一時預かり ──▶			
	◆──●子育て短期支援 ──▶			
	◆──●子育て援助活動支援 ──▶ 　（ファミリーサポートセンター）			
③育成支援 居場所支援 体験・活動 保護者支援	子育てと仕事の両立 ⇒		新・放課後こどもプラン ◆──●放課後 ──▶ 　　児童クラブ	
	地域・学校の協働 ⇒		◆──●放課後 ──▶ 　　子供教室	
	養育的支援 ⇒ ◆────		◆──●児童育成支援拠点 ──▶ 　　（2024年度より）	
児童育成全般	◆────●児童厚生施設（児童館・児童遊園）────────▶			

▶▶ 悩みに寄り添い、希望に沿った子育てを後押しする

　子育ての毎日が、時に辛いことがあるなかでも我が子の育ちに応じてかけがえのない喜びの日々になればよいものの、現実には育児や子どもの発達に悩み、喜びを感じられない親は多くいます。

　家庭でいつも子どもと一対一の親から「私のまわりは子どもを保育園に入れて、働いて稼いでいる。私は家で子どもとずっと一緒で、疲れ果てていても何の支援もない。家にいるだけ損だ」と憤りをぶつけられたことがあります。子育て支援は、保育所の整備など仕事との両立支援が前面に出ることが多いですが、その陰で家庭での子育てに悩んでいる家

庭も多くあります。家庭での子育てを支援することは、**悩む親に寄り添い、子育ての喜びを味わえる社会をつくる取組み**です。

　また、就労や生活面の多様化により、すでに子育て家庭の生活実態は、「フルタイムで働き、乳児期から保育所に一日中預ける」か「専業主婦で、子どもがある程度成長してから幼稚園に通わせるか」の二者択一ではなくなっています。例えば、2歳になるまでは家庭で育児し、その後、幼稚園のプレ保育を利用しながら仕事に復帰する親や、週に何日か勤務し、その日のみ保育所などを一時的に利用する家庭もあります。

　親子で気軽に遊びに行け、子育ての相談ができる**地域子育て支援拠点**を用意したり、パート就労や用事があるとき、あるいは育児疲れでリフレッシュしたいときに利用できる**一時預かり**を充実させたりするなど、多様な家庭での子育てを支援することは、**親が自分の希望に沿った子育てスタイルを選べる社会づくりの一環**でもあります。

　これまで全国的な傾向として、保育所や認定こども園では待機児童対策を最優先しなければならなかったこともあり、こうした支援に向ける施設や人員の余裕は限られていました。しかし今後は少子化のさらなる進行によって保育ニーズの減少が見込まれています。

　これからの保育所や認定こども園、幼稚園には、園に在籍せず家庭で子育てする親子への支援の役割も担うことが一層期待されています。

▶▶▶ 学齢期における子どもの育成支援

　学齢期（小・中学生）の子どもの健やかな育成には、日中保護者が留守の家庭の小学生だけでなく、経済面も含めた養育環境上さまざまな課題を抱える子どもに対しても、安心して過ごせる居場所や、多様な体験や活動ができる場をしっかりと用意していく必要があります。

　子どもはおとなへと成長していく過程において、家庭でのふれ合いや地域社会とのつながり、学校の教職員の支援や子ども同士の関わり合いによって、人として磨かれていきます。学齢期は、主に学校教育が児童育成の要を担っていますが、放課後においておとなとの安定した信頼関係のなかで、学習や遊び、心安まる環境が保障される観点も非常に重要

です。

　子育てと仕事の両立を支援し子どもの健やかな育成を図るため、**放課後児童クラブ**（いわゆる学童保育）の整備が進められています。

　併せて、地域住民と学校が協働して地域の子どもたちを育む**地域学校協働活動**の一環として、放課後の学習支援や体験・交流の取組みも進められています。これら放課後の子ども施策をより効果的に実施するには、子どもたちの大部分が1日のうちの長い時間を過ごす学校教育との連携が不可欠です。

　国も学校施設の徹底した活用を推進していますが、施設面だけでなく、**教育分野が進める「学び」**と、児童福祉施策が重視する**「育ち」**をすり合わせ、領域の垣根を超えた互いの理解が大切になっています。

▶▶ 誰もとりこぼさないつながり・支援を進める

　家庭での子育てに対する支援や子どもの育成支援は、子育て家庭や子どもの孤立を防ぎ、地域資源や子育て家庭同士のつながりを構築していく取組みです。一般に「福祉」は、支援の対象となる要件があるのに対し、この章で取り上げる事業は、**誰もが気軽に利用できるよう利用に際してのハードルを下げる点**にその特徴があります。

　いわば、喫緊で対応が必要な「赤信号」が灯っている家庭や、それに準ずる状況にある「黄信号」のサインが出ている家庭はもちろん、「青信号」の状態の家庭も利用できる制度であるということです。そうすることで、支援する側から見れば「黄信号」の人も、自分は「青信号」だと思って利用できます（厚生労働省『厚生労働』2020年10月号、湯浅誠氏の提言を参考に記載）。結果として「黄信号」や「黄信号予備群の青信号」の家庭に的確にアプローチすることが可能となるのです。

　一方で、今後ますます子どもの養育環境への支援を積極的に実施し、児童の権利擁護を図ることが求められており、子ども食堂の運営支援をはじめ、学校や家以外の子どもの居場所支援や親子関係の構築に向けた支援など、新たな家庭支援策や取組みの拡充も進められています。

◎…読んでおくべき 関係法規

▶▶▶ 児童福祉法

　きめ細かな子育て支援サービスが市町村で積極的に提供されて、それらを必要とする子育て家庭に支援が適切に行き渡るよう、児童福祉法に**子育て支援事業**が規定されています。

第21条の9　市町村は、児童の健全な育成に資するため、その区域内において、<u>放課後児童健全育成事業</u>、<u>子育て短期支援事業</u>、乳児家庭全戸訪問事業※3章、養育支援訪問事業※3章、<u>地域子育て支援拠点事業</u>、<u>一時預かり事業</u>※一部5章、<u>病児保育事業</u>※5章、<u>子育て援助活動支援事業</u>、子育て世帯訪問支援事業★※3章、<u>児童育成支援拠点事業</u>★及び<u>親子関係形成支援事業</u>★並びに次に掲げる事業であって主務省令で定めるもの（以下「**子育て支援事業**」という。）が着実に実施されるよう、必要な措置の実施に努めなければならない。
一　児童及びその保護者又はその他の者の居宅において保護者の児童の養育を支援する事業
二　保育所その他の施設において保護者の児童の養育を支援する事業
三　地域の児童の養育に関する各般の問題につき、保護者からの相談に応じ、必要な情報の提供及び助言を行う事業
※一部著者加筆

　このうち条文中の<u>下線部</u>の事業を中心に、次項以降で見ていきます。

　なお、条文中★印のつく事業が2022年に成立した改正児童福祉法で定められた**新たな家庭支援事業**です（2024年4月施行）。

　また、児童福祉法には児童に関わる社会福祉事業を行うさまざまな**児童福祉施設**が規定されています。

特に本章の取組みに深く関わる**児童館**は、児童福祉施設のなかの**児童厚生施設**の1つに位置付けられています（児童福祉法第40条）。

第40条
　児童厚生施設は、児童遊園、児童館等児童に健全な遊びを与えて、その健康を増進し、又は情操をゆたかにすることを目的とする施設とする。

▶▶▶ 子ども・子育て支援法

　子ども・子育て支援法に**地域子ども・子育て支援事業**が定められています（第59条）。市町村や、市町村から委託を受けた事業者が地域の必要性に応じて実施します。保護者が利用料を一部負担するものもあります。

　「地域子ども・子育て支援事業」の一部は子ども・子育て支援法で直接規定された事業ですが、多くは先ほど挙げた児童福祉法に定める「子育て支援事業」です。他に母子保健法に規定する妊婦健康診査も含まれています。

　市町村は子ども・子育て支援法に基づいて**市町村子ども・子育て支援事業計画**を策定し、需要（ニーズ）に対応した供給量（サービスを提供する施設・事業所の数や定員など）を設定します。

　他の法律で規定する事業が子ども・子育て支援法でも示されているのは、それらの事業が「市町村子ども・子育て支援事業計画」において需要と供給を計画的に管理して推進されているからです。それらの事業は国・都道府県からの財政支援（**子ども・子育て支援交付金**）の対象にも位置付けられています。

4|3 ◎…家庭での子育て支援の業務

▶▶▶ 地域子育て支援拠点

　家庭での子育ての支援として代表的な事業は、**地域子育て支援拠点**です。乳幼児やその保護者が交流する場を開設し、子育ての相談を受け、情報提供や助言などの援助を行います（児童福祉法第6条の3第6項）。

　庁舎内など公共施設に設けて自治体職員自らが運営するものもあれば、社会福祉法人や大学などの運営を補助する場合もあります。

図表22　地域子育て支援拠点の事業概要

```
┌─────────────────────────────────────────────────┐
│              ╭──────────────────────╮            │
│              │    4つの基本事業    │            │
│              ╰──────────────────────╯            │
│  ┌─────────────────────────────────────────┐   │
│  │ ①子育て親子の交流の場の提供と交流の促進 │   │
│  │ ②子育てなどに関する相談・援助の実施     │   │
│  │ ③地域の子育て関連情報の提供             │   │
│  │ ④子育て及び子育て支援に関する講習などの実施 │ │
│  └─────────────────────────────────────────┘   │
│                                                   │
│ ○さらなる展開として                             │
│ ・地域の子育て支援活動の展開を図るための取組み（一時預かりなど）│
│ ・地域に出向き、出張ひろばを開設                 │
│ ・高齢者などの多様な世代との交流、伝統文化や習慣・行事の実施　など│
└─────────────────────────────────────────────────┘
                         ▽
┌─────────────────────────────────────────────────┐
│ ○公共施設や保育所、児童館などの地域の身近な場所で、乳幼児のいる子育 │
│ 　て中の親子の交流や育児相談、情報提供などを実施 │
│ ○NPOなど多様な主体の参画による地域の支え合い、子育て中の当事者によ │
│ 　る支え合いにより、地域の子育て力を向上        │
└─────────────────────────────────────────────────┘
```

（厚生労働省「地域子育て支援拠点事業とは（概要）」を基に著者作成）

遊ぶ場所を単に用意するだけでなく、例えば、多くの子どもが集まる場になじめない子どもや親にとっても、気軽に子育ての悩みを相談できるような少人数のひろばや個別相談の機会もつくるなど、きめ細かに相談に応じ、他の子育て支援サービスにもつなぎます。

▶▶ 地域子育て支援センターやつどいの広場

　地域子育て支援拠点は、さまざまな子育て家庭が集まりやすい場所で、その場所のメリットを生かしながら実施しています。

　例えば、保育所や認定こども園・幼稚園の空き保育室を拠点としている場合は、保育の実践に基づく具体的な育児の仕方を助言でき、市町村の庁舎内の一角に設けている例では、母子保健などと機動的に連携しやすいという利点があります。また、保育士・幼稚園教諭などを養成する大学が主体となり、大学敷地の一角やその他の場所で、大学生のボランティアも活用しながら運営する場合は、大学の専門的な見地に基づいた発達相談支援を行うことができたり、将来の子育て支援の担い手を育成する実践の場としたりすることが期待できます。

　地域子育て支援拠点では、4つの基本事業（**図表22**）を必ず実施します。さらに、地域に出向いてひろばを実施することや、保育所や認定こども園が行うような「一時預かり」を実施することも可能です。

　なお、各地の「地域子育て支援拠点」は設置の時期や経緯によって、さまざまな名称で呼ばれています。これは**地域子育て支援センター**や**つどいの広場**などのさまざまなモデル事業や取組みが発展・統合されて現在の「地域子育て支援拠点」となっているためです。

▶▶ 児童館

　児童館は、①小型児童館、②児童センター、③大型児童館に類別されます。国の**児童福祉施設の設備及び運営に関する基準**に設備の基準や職員配置、遵守事項などが定められており、子どもや親が自由に利用できる施設として、地域の子どもの育成を支援しています。

地域や親子にとって身近な児童館は、気軽に利用できる点がメリットであり、その多くが地域子育て支援拠点の取組みも併せて行っています。具体的には、施設や子育て家庭のニーズに応じて、登録制や自由参加型の行事・イベント、保護者向けの子育て講座、児童の発達や心理面の理解に関する専門職向けの講座などを実施しています。

▶▶ 地域子育て相談機関

2024 年度から実施の**地域子育て相談機関**とは、保育所や認定こども園、地域子育て支援拠点などがその機関となり、それらの立地する地域で、こども家庭センター（子ども家庭総合支援拠点、子育て世代包括支援センター）を補完する役割を担い、どの施設にも在籍していない児童やその家庭を継続的に見守る取組みです。

個々の子育て家庭の状況把握や相談支援を機関のほうから積極的に行うことで、悩む子育て家庭の孤立を防ぎ、こども家庭センターを通じて綿密な支援につなげていくことが期待されています。

▶▶ 親子関係の構築に向けた支援

2024 年度から実施の**親子関係形成支援**は、子どもとの関わり方や子育てに悩みや不安を抱え、子育てに向き合うことが難しくなっている保護者に対し、不適切な養育状況に陥る前に健全な親子関係の形成を図ることを目的とした事業です。

例えば、発達に応じた子どもとの関わり方を学ぶペアレントトレーニングを実施するとともに、同じ悩みや不安を抱える保護者同士が悩みや不安を相談・共有し、情報交換できる場を用意します。

▶▶ 一時預かり（一般型）

主に保育所や認定こども園などで行う**一時預かり（一般型）**は、在籍する児童とは別に、児童福祉法に基づき、例えば、週に数日や一週間な

ど期間を限定して保育します（第6条の3第7項）。

　パート就労や非常勤など雇用形態の多様化に加え、親の介護や上の子どもの学校行事への出席など、不定期な保育ニーズに対応します。2022年の改正児童福祉法において、育児を休息（**レスパイト**）して子育て負担を軽減する目的での利用も可能であることが明確化されました。

　なお、「一時預かり」のなかでも「幼稚園型」は、幼稚園・認定こども園に在籍する園児が、通常の保育時間以外の保育（預かり保育）を受ける事業です。同じ「一時預かり」という事業名でも、その施設に在籍していない児童が対象の「一般型」と、在籍している児童が対象の「幼稚園型」では、対象や趣旨が異なります。窓口での案内や、実績の評価などでは混同しないよう注意が必要です。

▶▶ 子育て短期支援

　子育て短期支援は、児童福祉法に基づき、児童養護施設・母子生活支援施設・乳児院などにおいて、保護者の病気や仕事、育児不安や育児疲れなどの場合に、子どもを預かる事業です（第6条の3第3項）。

　一定期間預かるショートステイ（**短期入所生活援助**）や夜間・休日に養育・保護するトワイライトステイ（**夜間養護等**）があります。

　2022年の改正児童福祉法で、子どもの養育方法や関わり方について支援が必要な親子を短期間入所させることや、保護者の育児放棄や過干渉により一時的な避難を希望する子どもの受入れも定められています。

▶▶ 子育て援助活動支援（ファミリーサポートセンター）

　子育て援助活動支援（ファミリーサポートセンター）は、児童福祉法に基づき、子育て上の援助を求める家庭と、援助したい人をつなぐ取組みです（第6条の3第14項）。援助する人は必要な講習を受けることになっています。

　保育所や学童保育の迎えに家族が間に合わないときに代わりに送迎や預かりをするなど、一時的な預かりや外出・移動を支援します。

4|4 ◎…学齢期の子ども育成支援の業務

▶▶ 放課後児童健全育成（放課後児童クラブ）

　学齢期の子ども育成支援で代表的な事業に**放課後児童健全育成（放課後児童クラブ）**があります。これは、仕事や介護などの事情により小学生の保護者が昼間家庭にいない場合に、児童厚生施設などで放課後も適切な遊びや生活の場を提供する事業です（児童福祉法第6条の3第2項）。実施主体は市町村で、社会福祉法人やNPO法人などにも委託して実施します。市町村では、実施する団体から事業の開始・変更などの届出を受け、補助金を交付し、指導監査などを行います。

　保育所の整備など、就学前の保育の受け皿が拡大するなか、その影響は小学校就学以降に利用することになる放課後児童クラブのニーズ増加にも及び、受入れ拡大に向けた整備が各地で進められてきました。

　質の確保のため、国の**放課後児童健全育成事業の設備及び運営に関する基準**を踏まえ、各自治体において条例で基準を策定している他、国では運営の質の平準化などを目的に**放課後児童クラブ運営指針**を策定しています。

▶▶ 放課後子供教室

　社会教育法には、地域住民と学校が協力し合って子どもの育成に取り組む**地域学校協働活動**が定められており（第5条第1項、第2項）、地域の自治会や青少年育成協議会などが自主的に、登下校の交通安全見守りやあいさつ運動の他、ここで挙げる「放課後子供教室」を実施しています。**放課後子供教室**は、地域のすべての小学生を対象に、放課後や土

日・夏休みなどに地域のボランティアや大学生、NPO 法人などが、小学校の余裕教室や体育館などで自由な遊びの場や補習、実験・工作教室、スポーツ活動の場を提供します。自治体は、地域の実施者や実施場所となる学校との調整、補助金の交付などを行います。

　学齢期の教育は、学校や教育サービスだけで立ち行くものではなく、長い目で地域の活力を捉えたとき、地域住民が主体となって地域の子どもたちを育む視点は、今後も非常に重要です。

▶▶▶ 新・放課後子ども総合プラン

　昼間に保護者が留守である小学生にとっての「放課後児童クラブ」と、家庭の状況にかかわらず放課後の学びの充実を図る「放課後子供教室」は、根拠法も趣旨も異なるものの、対象の児童は重なる面があり、効果的かつ円滑に実施するには、両事業一体での検討や推進が重要です。

　そのため、国は**新・放課後子ども総合プラン**を策定し、放課後児童クラブの受け皿をさらに整備拡充することや、小学校内において放課後児童クラブと放課後子供教室を一体型として実施すること、学校施設の徹底活用などを推進し、すべての小学生の安全・安心な居場所づくりを進めています。

▶▶▶ 学校や家以外の子どもの居場所支援

　児童育成支援拠点は学校や家以外の子どもの居場所支援として、2022年の改正児童福祉法で新設されました。養育上の課題などにより家庭や学校に居場所がなく、それら以外での支援を望む主に学齢期以降の子どもに対し、安心・安全な居場所の提供や生活面・健康管理などの習慣づけ、学習支援、食事の提供、その他関係機関との連携など包括的な支援を日常的に実施することとしています。

　自治体は、地域ですでに居場所づくりに取り組んでいる支援者・事業者とも調整しながら、本事業や子ども食堂なども活用して地域全体の支援のあり方を検討・構築し、その運営を支援します。

COLUMN・4

育児休業

　育児休業制度は**育児・介護休業法**（育児休業、介護休業等育児又は家族介護を行う労働者の福祉に関する法律）に規定されています。

　男性の育児休業取得率は、13.97％（2021年度）にとどまっており、子育てや家事に費やす時間が先進国のなかでも低水準です。こうした状況が、女性の継続就業を困難にし、少子化の原因の一つになっているとも考えられており、男女ともに子育てなどをしながら働き続けることができる環境の整備が推進されています。

○原則として子どもが1歳になるまでの間、育児休業を取得可能
例外的な措置：1歳になる時点で保育所などに入所できないなど、雇用の継続のために特に必要と認められる場合に限り、1歳半（再延長で2歳）まで育児休業を延長することが可能

【復帰後に利用できる制度の例】
●所定労働時間を短くする短時間勤務制度（3歳まで）
●病気やけがをした子の世話をするための看護休暇（小学校就学前まで）
●残業（所定外労働）を制限する制度（3歳まで）

●休業取得の例

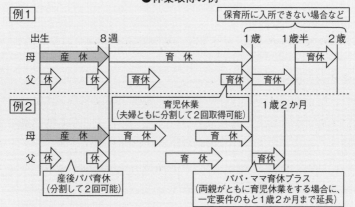

（厚生労働省「育児・介護休業法のあらまし」「育児・介護休業法改正ポイントのご案内」より一部改変）

98

第 5 章

幼児教育・保育

認定こども園・幼稚園・保育所に代表される幼児教育・保育の取組みについて見ていきます。この章で、幼児教育・保育の重要なポイントや多様な施設類型、利用の流れ、関係する事業などを体系的に押さえ、保護者や施設・事業者へのよりよい対応につなげましょう。

5 | 1 ◎…乳幼児期の育ち・学びを保障する

▶▶ 幼児教育・保育の受け皿確保と機会保障

　保育所や認定こども園、幼稚園などにおける取組みは、必要とするすべての子どもに質の確保された教育・保育を保障するものです。

　この取組みは、①教育・保育機会の確実な提供と、②教育・保育の質の確保・向上の2つの面から捉えることができます。さらに、①の「機会の確実な提供」には量（受け皿）の確保と受ける機会の保障があります。まず、「量の確保」の観点から見ていきます。

　保育における最重要課題として、特に長年取り組まれてきたのは待機児童解消という量の確保の問題です。その対策で目を見張る成果を挙げたのは横浜市で、現場職員の考えを実施につなげ、自治体最下位だった待機児童数を2013年にゼロにしました。そうした自治体の取組みを全国展開するかたちで、国も同年から女性の活躍推進を図るため「待機児童解消加速化プラン」を打ち出し、保育施設の整備だけでなく、保育士確保なども含め、自治体での取組みを強力に推進していきました。

　さらに2015年からは子ども・子育て支援新制度がスタートし、保育所などの新規整備の他、幼稚園の認定こども園への移行や、比較的柔軟に実施・運営が行いやすい小規模な保育事業も増加するなど、保育の受け皿確保が急速に進みました。現在、女性の就業率を、スウェーデン並みの80％程度にまで促進するためのさらなる受け皿の整備も「子育て安心プラン」によって進められており、M字カーブといわれる、出産から子育て期にかけた女性就業の落込みの解消も目指されています。

　そうした取組みの成果もあり、2017年には全国で26,081人とされた待機児童数は、2022年で2,944人となっています。

図表 23　幼児教育・保育の概念図

3〜5歳	**すべての家庭に質の確保された教育・保育の提供**
	○保育が必要な家庭には、11 時間 / 日まで（認定こども園、保育所） ○その他の家庭には、標準 4 時間程度 / 日（認定こども園、幼稚園）

0〜2歳	**保育が必要な家庭に質の確保された保育の提供**
	11 時間 / 日まで（認定こども園、保育所、地域型保育事業）

①機会の確実な提供	②質の確保・向上
・子ども・子育て支援事業計画での需給管理による計画的整備 ・情報提供・あっせん・要請によるきめ細かな利用者支援 ・すべての子どもに機会を保障するための**幼児教育・保育の無償化**	・保育士等のキャリアアップと賃金改善による**人材確保と資質向上** ・**重大事故の防止**（置き去り、窒息、誤嚥など） ・幼保小の架け橋プログラムなどによる**教育の質の向上**

　また、新制度では、幼児教育・保育の「受ける機会の保障」についても制度の改善が進められました。これまでも共働き家庭など保育を必要とする子どもについては「市町村は保育所において保育しなければならない」と、市町村に保育の実施が義務付けられてきましたが、幼稚園での教育には、制度上の機会保障がありませんでした。その保育所と幼稚園の利用について、新制度では共通の給付費制度にのせ、一人ひとりの子どもについて給付認定の手続きを設けたことにより、認定内容に応じた幼児教育・保育の利用が保障されるよう改善が図られています。

　さらには、市町村に、保護者へのきめ細かな情報提供や、保護者の状況や希望に応じて子どもが適切に利用できるよう、施設・事業のあっせんや、施設・事業者への受入れ要請なども規定されており、強力に**利用者支援**が推進されています。

▶▶▶ 幼児教育・保育の質を確保・向上させる

　幼児期の教育・保育は、生涯にわたる人格形成の基礎を培う重要なものです。小学校以降の教科を軸とした学習と比べ、幼児期には、遊びや生活全般での、子ども同士の関わり合いを含めた環境を通した学び・育ちが中心となります。乳幼児期からの愛着を基盤に自尊心が育まれ、それを土台として、子ども同士での体験の積み重ねが、共感や思いやり、また、自制心や寛容な心の醸成にもつながっていきます。そうしたいわゆる非認知能力も、知識や思考力、運動能力などの認知できる能力も含めて、五感を通じた幼児期の教育・保育が、生涯の生きる力の基礎となっていきます。

　つまり、幼児期の教育・保育における質とは、一人ひとりの子どもが生きる力の基礎を育むための保育内容や環境を整えるということです。

　また、質が高く、幼児期の発達に応じた教育・保育を提供することが、世代間や構造的な貧困サイクルを打破し、不平等を縮減する手段になるとも国際的に理解されています（G20 ブエノスアイレス首脳宣言）。**幼児教育・保育の質の確保は、社会全体に関わる問題**なのです。

　質の高い教育・保育を行うには、一人ひとりの保育者（保育士や幼稚園教諭）に、乳幼児の発達や心情に関する深い理解をはじめ、具体的な援助の方法など、きめ細かな専門的スキルが求められます。

　自治体の事務としては、保護者に対する保育施設などの情報提供や利用の調整、施設・事業者への補助金の交付や指導監査など、利用や運営に関する事務が中心となりますが、保護者の相談に適切に対応したり、施設・事業者の気持ちを理解して円滑な調整を行ったりするためにも、幼児教育・保育の内容について理解する努力も必要です。

　現在、幼児教育・保育と小学校教育との円滑な接続を図る**幼保小の架け橋プログラム**が推進されており、教育・保育の内容面を充実させる取組みも進められています。**幼稚園教育要領**、**保育所保育指針**及び**幼保連携型認定こども園教育・保育要領**などにも目を通し、保育者がどのような実践を進めているのか、確認しておきたいものです。

▶▶ 幼児教育と保育は次のステージへ

　幼稚園は希望する家庭の幼児に教育を行う学校として、保育所は就労などにより家庭での「保育に欠ける」児童に保育を行う児童福祉施設として、別々の根拠法と趣旨でありながらも、同じく子どもに最善の育ちと学びの場を提供できるよう、互いの制度は発展を遂げてきました。

　その一方で、幼稚園と保育所では、運営に対する補助や、保育者の資格、研修環境、指導監査の内容などが異なります。そこには、家庭の事情により保育所か幼稚園か通園先が異なるだけで、公的な支援や関与が異なるという課題が内在され続けてきた実態があります。

　新制度での大きな成果は、「幼保連携型認定こども園」の制度改正により、幼稚園制度と保育所制度を同じ土俵にのせたことです。これまで、「幼稚園」敷地部分と「保育所」敷地部分を合築したような施設を「幼保連携型認定こども園」と呼んでいたのを、新制度では、施設全体を、学校でもあり児童福祉施設でもある「単一の園」であると大きく転換させました。これが連綿と続いてきた幼稚園と保育所の制度の壁に風穴を開けたのです。戦後はじめて、国も自治体も真っ向からこの課題に対峙せざるを得なくなり、現在もその取組みの途上にあります。

　大きな流れとして、私立保育所は、行政に利用者を調整・あっせんされ、運営費も支弁される制度の下で、公的福祉サービスの受託先として、公の細かな指導監督の下で保育の保障を進めてきました。一方、私立幼稚園は、公的な支援は比較的少ないなかで、自由競争の下、建学の精神に立脚して家庭に選ばれる教育を追求し続けてきた経緯があります。

　保育所が幼保連携型認定こども園に移行して教育機関を名乗ることは、小学校以降の学校教育ともつながった内容の一層の重視を意味することであり、幼稚園が福祉制度である乳幼児保育に参入することは、公的受け皿としての立ち位置を受け入れることを意味します。

　新制度の前夜、国の担当者は説明会で「新制度になっても基本的にこれまでどおりでよいですよ」と園の先生方に説明を繰り返していました。しかし、本当はあのとき、幼児教育も保育もこれからどうなるのか、歴史的な制度変革の瞬間に立ち会っていたはずなのです。

5│2 ◎…読んでおくべき関係法規

> ▶▶ **子ども・子育て支援法**

　子ども・子育て支援新制度は、消費税増税に向けた 2012 年の「社会保障・税一体改革大綱」を基に、同年 8 月の**子ども・子育て支援関連3法**（子ども・子育て支援法、改正児童福祉法、改正認定こども園法）成立をもって整備されました。子ども・子育て支援法には、幼児教育・保育の提供において重要な規定が数多くあります。**図表 24** でその関連性と条文について確認しておきましょう。

図表 24　子ども・子育て支援法に基づく教育・保育の利用フローイメージ

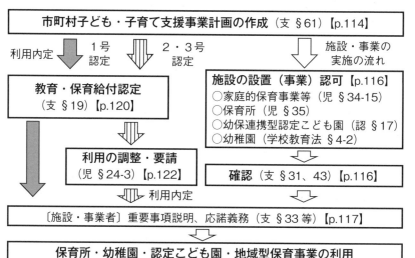

※支：子ども・子育て支援法、児：児童福祉法、認：認定こども園法

▶▶ 児童福祉法

　児童福祉法で特に重要な規定は第24条です。第1項と第2項で、保育を必要とする児童に対して、市町村が保育所での保育の実施や、認定こども園・地域型保育事業で保育の確保をすることを義務付けています。

> **第24条**　市町村は、この法律及び子ども・子育て支援法の定めるところにより、保護者の労働又は疾病その他の事由により、その監護すべき乳児、幼児その他の児童について保育を必要とする場合において、次項に定めるところによるほか、当該児童を保育所[※1]（略）において保育しなければならない。
>
> 2　市町村は、前項に規定する児童に対し、認定こども園法第2条第6項に規定する認定こども園（略）又は家庭的保育事業等[※2]（略）により必要な保育を確保するための措置を講じなければならない。
>
> 　[※1]　保育所型認定こども園を除く保育所
> 　[※2]　家庭的保育事業、小規模保育事業、居宅訪問型保育事業
> 　　　　及び事業所内保育事業の4事業（地域型保育事業）
>
> （第3項以降省略）
> ※一部著者加筆

　また、**保育所**は、保育を必要とする乳児・幼児を日々保護者の下から通わせて保育を行うことを目的とする施設であること（第39条）、**保育士**は、保育士の登録を受け、保育士の名称を用いて、専門的知識及び技術をもって、児童の保育及び児童の保護者に対する保育に関する指導を行うことを業とする者であることが規定されています（第18条の4）。

▶▶ 認定こども園法

　認定こども園法は通称であり、正確には**就学前の子どもに関する教育、保育等の総合的な提供の推進に関する法律**です。

　この法律の目的（第1条）が、新制度の幼児教育・保育がどのような背景において何を目指しているのかを端的に表しています。

> （目的）
> **第1条** この法律は、①幼児期の教育及び保育が生涯にわたる人格形成の基礎を培う重要なものであること並びに我が国における②急速な少子化の進行並びに③家庭及び地域を取り巻く環境の変化に伴い小学校就学前の子どもの教育及び保育に対する需要が多様なものとなっていることに鑑み、地域における創意工夫を生かしつつ、小学校就学前の子どもに対する教育及び保育並びに保護者に対する子育て支援の総合的な提供を推進するための措置を講じ、もって地域において子どもが健やかに育成される環境の整備に資することを目的とする。
> ※一部著者加筆

　下線部が認定こども園推進の背景で、波線部がその目的です。

　認定こども園法には、認定こども園の4類型について、第3～第8条で幼保連携型認定こども園以外（**幼稚園型認定こども園、保育所型認定こども園、地方裁量型認定こども園**）の3類型を、第9～第27条で**幼保連携型認定こども園**を規定しています。

　認定こども園の**認定**については、都道府県などの認定権者が幼稚園を「認定」して幼稚園型認定こども園に、保育所を「認定」して保育所型認定こども園に、認可外保育施設を「認定」して地方裁量型認定こども園になります。一方、幼保連携型認定こども園は、既存の保育所や幼稚園からの移行も新規設置も、保育所や幼稚園とは別の施設として「幼保連携型認定こども園」としての「認可」を受けて設置されます。

　なお、「学校」は、学校教育法第1条に幼稚園や小・中学校などが規定されていますが、学校教育法以外で法律に規定されている学校は、現在「幼保連携型認定こども園」のみです。

▶▶ 社会福祉法

　広く社会福祉を目的とする事業に、共通する基本事項を定める**社会福祉法**には、保育所の設置・運営など保育に関する事業の中心的な実施主体となっている**社会福祉法人**について規定されています。

　また、規制と助成により、公明で適正な実施を確保することが必要な

社会福祉の取組みを**社会福祉事業**と位置付け、利用者の保護の必要性が高く、原則として国や地方公共団体、社会福祉法人しか行うことができない第1種（児童養護施設、障害児入所施設養護老人ホーム等の経営など）と、その他の第2種（保育所の経営、障害児通所支援事業、一時預かり事業など）に分けて規定しています。

▶▶ 教育基本法

教育の根本法である**教育基本法**には、「法律に定める学校」が公の性質を有するとともに、教育を受ける者の心身の発達に応じて、教育を体系的かつ組織的に行うべきことなどを規定しています（第6条）。

また、幼児期の教育についても「生涯にわたる人格形成の基礎を培う重要なもの」として、幼児の健やかな成長に資する良好な環境の整備など、その振興に努める義務を国・自治体に課しています（第11条）。

▶▶ 学校教育法

学校教育法では「この法律で、学校とは、幼稚園、小学校、中学校、義務教育学校、高等学校、中等教育学校、特別支援学校、大学及び高等専門学校とする」としています（第1条）。**幼稚園**が学校教育の実施主体としての責任感をもって教育活動を行うのは、この学校教育法第1条に定められた、いわゆる「1条校」の自覚に基づくものです。

▶▶ 私立学校法

私立学校法は、私立学校の特性に鑑み、その自主性を重んじ、公共性を高めることによって、私立学校の健全な発達を図ることを目的に制定されています（第1条）。この法律において私立学校とは、**学校法人**が設置する学校のことです。私立幼稚園は私立学校の一つです。

◎…幼児教育・保育を提供する多様な施設類型

▶▶▶ 多様な施設類型を理解する

　幼児教育・保育を提供する施設・事業には多様な類型があります。体系的に整理して確認していきましょう（**図表25**）。

図表25　幼児教育・保育を提供する施設・事業類型

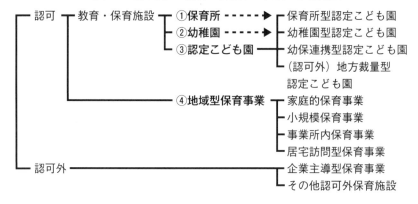

　まず、施設・事業は「認可」か「認可外」かどうかで大別されます。
　「認可」は、法律で定める審議会に意見聴取した上で、自治体が審査して、施設の面積や職員体制などの設備や運営の基準（いわゆる認可基準）を遵守すると認めた施設・事業です。市町村立の施設は条例等により設置し、都道府県に「届出」をしますが、これらも認可基準を満たす施設として、類型上は「認可」施設に分類されます。

▶▶ 教育・保育施設と地域型保育事業

　「認可」施設・事業は大きく**教育・保育施設**と、事業そのものを認可する**地域型保育事業**の2つに分けられます。

　さらに「教育・保育施設」には、①**保育所**、②**幼稚園**、③**認定こども園**の3類型があります。認可施設として、この3類型に④**地域型保育事業**を加えた4類型について理解することから始めましょう。

　幼児教育・保育の提供は、保護者が就労や介護など、**保育の必要性の認定**を受けて日中に園での保育が必要な家庭であるか、そうでないかで大きく対応を分けています（**図表26**）。

　「保育の必要性の認定」を市町村から受けた家庭には、希望に応じて0〜5歳（小学校就学前）まで、主に朝から夕方までの間、受け入れる施設・事業を市町村は用意する必要があります。

　その役割を担うのが、保育所、認定こども園、地域型保育事業の3類型です。保育所と認定こども園は、制度上最大0〜5歳の受入れが可能ですが、地域型保育事業は基本的に施設が小規模なため、0〜2歳を主な対象としています。

　一方、「保育の必要性の認定」を受けていない家庭に対しては、希望に応じて満3歳（3歳の誕生日）から5歳まで、主に朝から昼過ぎまで受け入れることになり、幼稚園と認定こども園の2類型が担っています。

図表26　施設類型別の利用対象

年　齢	0〜2歳		3〜5歳
利用時間	朝〜夕方（＋延長保育）		朝〜昼過ぎ（＋預かり保育）
4類型の利用対象の範囲	認　定　こ　ど　も　園		
	保　育　所		幼　稚　園
	地域型保育事業		
教育・保育給付認定（p.120参照）	就労・介護などの家庭事情に応じて「保育の必要性の認定」		1号認定（私学助成の幼稚園では1号認定は不要）
	3号認定	2号認定	

▶▶ 保育所（園）

　保育所は、児童福祉法に基づき、保育を必要とする乳児・幼児を日々保護者の下から通わせて保育を行うことを目的とする児童福祉施設です（児童福祉法第 39 条）。「保育園」と呼ばれる園が多いですが、法律上の名称は「保育所」です。また、実際には市町村や社会福祉法人の設置が多いですが、設置主体の制限は 2000 年に撤廃され、企業などが設置していることもあります。

　「保育の必要性の認定」（2 号・3 号認定）を受けた 0 歳から小学校就学前（5 歳）までの乳幼児が入所できます。保育所では、保育に関する専門性を有する保育士が、家庭との緊密な連携の下に、子どもの状況や発達過程を踏まえ、保育所における環境を通して、養護及び教育を一体的に行います。

▶▶ 幼稚園

　幼稚園は、学校教育法に基づく学校であり、義務教育及びその後の教育の基礎を培うものとして、幼児を保育し、幼児の健やかな成長のために適当な環境を与えて、その心身の発達を助長することを目的としています（学校教育法第 22 条）。主な設置主体は市町村や学校法人です。

　満 3 歳から小学校就学前（5 歳）までの幼児が入園できます。

　新制度以前から続く私立学校振興助成を都道府県から受けて運営する、いわゆる**私学助成の幼稚園**と、新制度に移行して市町村から施設型給付を受ける**施設型給付の幼稚園**（「新制度の幼稚園」とも呼ばれます）の 2 種類があります。

▶▶ 認定こども園

　認定こども園は、認定こども園法に基づき、一体的な幼児教育・保育と地域の子育て支援の推進を目的とする施設であり、認定こども園法に4 つの類型が規定されています。

○幼保連携型認定こども園

　学校かつ児童福祉施設として位置付けられた園です。認可基準である**幼保連携型認定こども園の学級の編制、職員、設備及び運営に関する基準**は、施設の面積や職員の配置などの項目ごとに、幼稚園と保育所の設置における厳しいほうの基準を概ね採用して策定されています。

　また、学校教育と保育を一体的に提供する施設であるため、職員は幼稚園教育免許状と保育士資格の両方を有した**保育教諭**の配置が原則です。

○幼稚園型認定こども園

　学校教育法に基づく認可を受けた幼稚園が、認定こども園法による「認定」を受け、幼稚園型認定こども園となります。幼稚園の役割に加えて「保育の必要性の認定」を受けた0歳から小学校就学前（5歳）までの乳幼児の受入れを行い、保育所的な役割も担います。

　上記の幼保連携型認定こども園を除く3類型は、満3歳以上の保育は幼稚園教諭免許状と保育士資格の併有が望ましいとされており、満3歳未満の保育には保育士資格が必要であるとされています。

○保育所型認定こども園

　児童福祉法に基づく認可を受けた保育所が、認定こども園法による「認定」を受け、保育所型認定こども園となります。保育所の役割に加えて「保育の必要性の認定」を受けていない満3歳から小学校就学前（5歳）までの幼児の受入れを行い、幼稚園的な役割も担います。

○地方裁量型認定こども園

　認可外保育施設が、認定こども園法による「認定」を受けて認定こども園として必要な役割を担うものが地方裁量型認定こども園です。

　ある認定こども園の1日の生活例を示したのが次頁の**図表27**です。専業主婦（主夫）家庭や、パート勤務の日に預かり保育を利用する以外は基本的に昼過ぎまでの利用でよい家庭は、園に直接申し込み、「1号

認定」を受けて、**図表27**の「保育時間①」の利用になります。

　一方、フルタイムの共働き・ひとり親家庭など夕方まで経常的に利用が必要な家庭は、市町村に申し込み、「保育の必要性の認定」（2号・3号認定）を受け、利用の調整（選考）を経て、同図表の「保育時間②」の利用になります。

　保育時間①と②は区別して定員を設定しますが、満3歳以上の子どもについては1号認定と2号認定を分けずに学級を編制し、教育・保育活動を行います。

図表27　ある認定こども園の1日の生活例

保育時間① （1号認定）		保育時間② （2号・3号認定）
預かり保育（希望者のみ）	7:00 ～	延長保育（希望者のみ）
	7:30 ～	順次登園・自由遊び
順次登園	8:30 ～	
日課活動・保育	9:00 ～	日課活動・保育
給食	12:00 ～	給食
自由遊び	13:00 ～	自由遊び
順次降園 預かり保育（希望者のみ）	13:30 ～	お昼寝・おやつ・自由遊び
	～ 18:30	順次降園
	～ 19:00	延長保育（希望者のみ）

▶▶ 地域型保育事業

　地域型保育事業には4類型あり、**①家庭的保育事業**、**②小規模保育事業**、**③事業所内保育事業**、**④居宅訪問型保育事業**です。地域型保育事業を行う事業所を「地域型保育事業所」といいます。なお、地域型保育事業はこれら4類型をまとめた子ども・子育て支援法上の呼称であり、児童福祉法では「家庭的保育事業等」と記載されています。

　新制度以前は、認可保育所以外に、地域の実情に応じて自治体独自の基準による認証保育所や保育ママなど、さまざまな形態の保育資源がありました。新制度では、それらを一定の認可基準を満たす地域型保育事

業へ移行を促進することで、保育の質の確保・向上と公的な支援による安定的な運営を目指しています。

地域型保育事業は、小規模な運営形態上、少人数の職員での対応となる他、利用する児童は2歳児までが中心であり、3歳以後に教育・保育施設への転園も必要になります。そのため地域型保育事業では近隣の認定こども園や保育所、幼稚園などが**連携施設**となり、「保育内容の支援」や、職員体制面での「代替保育士の提供」、また、3歳以後の転園先となる、「卒園後の受け皿」としての役割を担います。

図表28　地域型保育事業の4類型

家庭的保育事業	家庭的な雰囲気の下で、少人数（1〜5人）を対象に保育を実施
小規模保育事業	少人数（6〜19人）に保育を実施。保育所の分園に近いA型、従来のグループ型小規模保育に近いC型、その中間のB型がある
事業所内保育事業	企業が主に従業員への仕事と子育ての両立支援策として行い、地域の子どもの受け入れも実施
居宅訪問型保育事業	障がい児や小児慢性疾患に罹患している乳幼児で個別のケアが必要と考えられる場合などにおいて、その子どもの居宅において1対1で保育

▶▶▶ 認可外保育施設、企業主導型保育事業

認可外保育施設は、保育所や認定こども園、地域型保育事業以外の、保育を行うことを目的とする施設です。1日一人以上保育する施設は都道府県（指定都市・中核市）に「届出」が必要です。

また、**企業主導型保育事業**は、子ども・子育て支援法の「仕事・子育て両立支援事業」の1つです。従業員向けに保育施設を設置する企業などに、国が小規模保育事業に準じた施設整備費や運営費を助成します。従業員ではない一般の家庭の子どもの利用枠も設定可能です。設置・利用において基本的に市町村の関与がなく、市町村子ども・子育て支援事業計画とは別枠で整備します。認可外保育施設として都道府県などに「届出」し、（公財）児童育成協会による年1回の指導・監査を受けます。

◎…幼児教育・保育の業務①
自治体が行う
マネジメント

▶▶ 子ども・子育て支援事業計画の策定

　子ども・子育て支援新制度の実施主体である市町村は**市町村子ども・子育て支援事業計画**を策定しています。これは、幼児期の教育・保育と地域の子育て支援についての**需要（住民ニーズに沿った量の見込み）**と**供給（確保方策）**をまとめた計画です（子ども・子育て支援法第61条）。策定後はこの計画に依拠し、幼児教育・保育の受け皿として施設・事業の**認可**や**確認**をすることとなります。

　なお、ここでは幼児期の教育・保育の計画について確認しますが、計画の立て付けは地域子ども・子育て支援事業と大きくは変わりません。

　計画には、①**教育・保育提供区域**（市町村の域内をどの程度の区域に分けて計画を作成するか）を設定した上で、②住民ニーズを踏まえた必要な定員枠（**量の見込み**）と③**確保方策**（内容・実施時期）を記載します。加えて、必須記載事項（同条第2項）として、既存の幼稚園や保育所の認定こども園移行を普及促進する方策や、努力記載事項（同条第3項）として、産後や育児休業後に円滑に保育所などに入所できる取組みなども記載します。計画は5年ごとに更新で、毎年の点検・評価や、必要に応じて中間年度での見直しを行うことも定められています。

　都道府県が定める**都道府県子ども・子育て支援事業支援計画**は、域内の市町村計画の積み上げを基本としながら、市町村をまたぐ広域調整の観点も踏まえて取りまとめます（同法第62条）。

　計画作成に必要な工程として、ニーズ調査と子ども・子育て会議での審議があります。また、計画作成における留意点として「原則認可」と「認定こども園への移行促進」があります。

○ニーズ調査（利用希望把握調査）

　市町村は、保護者の利用意向などを踏まえて計画を策定するため、ニーズ調査（利用希望把握調査）をすることとされています。

　いわゆる「待機児童数」は、保育所などを申し込んで利用に至っていない児童数をベースに、国が定める基準で算出した数値ですが、地域には申し込みにも至っていない家庭も含めて潜在的なニーズがあります。

　そうした潜在ニーズにも対応した受け皿整備につなげるため、例えば、親が就労時間を拡大したい意向があるかなども把握し、計画に反映させるための調査票の質問項目や分析手法を、国が提示しています。

○子ども・子育て会議

　内閣府に「子ども・子育て会議」が置かれていますが、自治体にも審議会その他の合議制の機関（地方版子ども・子育て会議）を置くことが努力義務化されています（同法第77条）。自治体が計画を作成・変更する際や、市町村が施設・事業の「確認」で利用定員を設定する際には、この会議で意見を聴取しなければなりません。

　自治体の計画や子ども・子育て支援の取組みについて、自治体ごとの子ども・子育て会議での議論を通して、継続的に点検・評価・見直しを行います。

○原則認可と認定こども園への移行促進

　「原則認可」とは、計画において保育の受け皿が不足している状況で、設置の認可申請があった場合、認可要件を満たすならば認可することが原則ということです。保育所は、株式会社なども含め幅広い事業主体に設置が認められていますが、新制度以前は、社会福祉法人以外には認可しなかったり、また待機児童があっても財政的な事情で新たな設置を抑制したりするなど、自治体の裁量に基づいて設置主体を限定していた例があったため、新制度の実施にあたり、原則認可が特に強調されました。

　併せて、一体的な幼児教育・保育と子育て支援を推進するため、幼稚園や保育所の認定こども園への移行については、供給がニーズに比べて過剰な状況においても、認可・認定を進めることとされています。

▶▶ 私立園の認可・確認

　新制度によって幼児教育・保育を提供する施設・事業者は、都道府県などから設置や事業の「認可」を受け、市町村から「確認」を受けて運営することができます。**認可**は、施設類型ごとの根拠法に基づき、職員配置や居室・屋外遊技場の面積などの認可基準を守って運営を行うことが持続的に「可」能だと自治体が「認」めることです（**図表 29**）。

　認可を受けずに事業を行うことも可能ですが、その場合は認可外保育施設と呼ばれます。また、「幼稚園」及び「幼保連携型認定こども園」

図表 29　認可・確認の根拠法及び基準

施設類型	設置主体	認可・認定・確認の主体
根拠法	国の定める基準	

■認　可

①保育所・ 保育所型認定こども園	制限なし	都道府県など
児童福祉法	児童福祉施設の設備及び運営に関する基準	
②幼稚園・ 幼稚園型認定こども園	国・自治体・学校法人	都道府県
学校教育法	幼稚園設置基準	
③幼保連携型 認定こども園	国・自治体・学校法人・ 社会福祉法人	都道府県など
認定こども園法	幼保連携型認定こども園の学級の編制、職員、設備及び運営に関する基準	
④地域型保育事業	制限なし	市町村
児童福祉法	家庭的保育事業等の設備及び運営に関する基準	

■認　定（幼保連携型認定こども園以外）

幼保連携型以外の 認定こども園	－	都道府県など
認定こども園法	幼保連携型以外の認定こども園の認定基準	

■確　認

教育・保育施設 地域型保育事業	－	市町村
子ども・子育て支援法	特定教育・保育施設及び特定地域型保育事業並びに特定子ども・子育て支援施設等の運営に関する基準	

の名称は、認可なくして使用することはできません。

　幼稚園を除く認可基準は、地域ごとの保育ニーズや既存の取組み状況を踏まえ、国が定める基準を踏まえて自治体が条例で定めます。なお、国の基準はその事項に応じて、自治体が**従うべき基準**と**参酌すべき基準**に分かれています。

　次に、**確認**は子ども・子育て支援法に基づき、国が定める基準を踏まえて自治体が条例で定める運営基準に従った運営を前提として、市町村が**利用定員**を確認することです（同法第31条、43条）。各施設・事業者が各々の状況で「認可定員」まで子どもを受け入れるのではなく、「認可定員」の範囲内で、計画で需給調整された人数である「利用定員」を別途設定することで、区域全体で提供されるサービスの量を調整しています。なお、運営基準には、利用申込者に対して**重要事項を説明**することや、利用申込みに対して正当な理由がなければ拒んではならないこと（**応諾義務**）、市町村が利用をあっせんしたり、利用調整したりすることへの協力、**上乗せ徴収**や**実費徴収**に関すること、虐待などの禁止、勤務体制の確保、定員の遵守などが規定されています。

▶▶ 公立施設の届出・運営

　市町村立の施設の設置は「認可」ではなく、都道府県への「届出」が必要です。幼稚園や保育所の設置は条例で定めます。

　なお、運営する所管者は、施設により異なります。自治体の設置する幼稚園は、幼稚園型認定こども園を含み教育委員会が所管し、幼保連携型認定こども園は首長の所管です。保育所型認定こども園を含む保育所は、児童福祉施設として首長が所管します（地方教育行政の組織及び運営に関する法律第32条）。

　公立の保育所・幼稚園・幼保連携型認定こども園の管理・運営に関しては、施設・設備の整備・管理、職員の人事・研修、利用する児童の就園（入所）・保健安全、保育内容の向上などの事務があります。限られた予算や人員を効果的に活用するため、まずは現場の職員とよくコミュニケーションをとることが大切です。

▶▶ 園への指導監査

　指導監査とは、施設などの最低基準が守られているかをチェックし、基準を満たさない場合に改善指導を行うものです。自治体で所管する法人に対しては①**法人監査**を行い、教育・保育施設や地域型保育事業には、「認可基準」遵守の観点から、②**施設監査**を行います。加えて、新制度の「確認」を行っている施設・事業者には**確認指導監査**も実施し、運営基準の遵守状況などを指導監査します（**図表30**）。

　①の法人監査では、法人の運営や会計を、②の児童福祉施設や地域型保育事業への施設監査では、施設の運営状況や会計、保育の状況、栄養・衛生面を監査します。指導においては、主観的判断でなく、違反の内容やその根拠を明確にした上で行うことが重要です。

図表30　私立施設・事業者に対する主な指導監査

種　別		施設監査など	確認指導監査
児童福祉施設・学校	幼保連携型認定こども園	一般監査（都道府県など）**定期的かつ計画的に実施**〔認定こども園法 §19に基づく通知〕	実地指導（市区町村）**定期的かつ計画的に実施**〔特定教育・保育施設等指導指針〕
児童福祉施設	保育所型認定こども園	一般監査（都道府県など）**年1回以上**〔児童福祉法施行令 §38〕	
	保育所		
地域型保育事業		一般監査（都道府県など）**年1回以上**〔児童福祉法施行令 §35-4〕	
学校	幼稚園型認定こども園	定期的な指導監査規定はなし（都道府県）（私立学校振興助成法に基づく業務・会計上の報告徴取・会計監査あり）	—
	幼稚園（新制度）		
	幼稚園（私学助成）		
認可外保育施設		立入調査（都道府県など）**原則年1回**（届出対象施設）〔認可外保育施設指導監督の指針〕	
	地方裁量型認定こども園		（市区町村）上記の実地指導

▶▶ 事故の未然防止・再発防止

　教育・保育施設などにおいて、送迎バス内や園外保育での園児の置き去りなど、子どもの安全に関わる事故がなくならない状況があります。

　国は事故情報を集約・公表する取組みを進めている他、例えば乳児の睡眠中の窒息や、水遊び時の事故、食事中の誤嚥など、重大事故が発生しやすい場面ごとの注意事項、事故が発生した場合の具体的な対応方法などをガイドラインにまとめ、自治体や施設に周知しています。

　自治体においても、独自のマニュアル作成や研修の充実が進められています。現場の状況をきめ細かに把握し、地域の実態に即した取組みを推進していくことが大切です。

▶▶ 保育人材の確保と処遇改善

　保育の受け皿の急拡大に伴い、都道府県などでは、その担い手となる保育人材の確保のための総合的な取組みを進めています。

　まず、**新規資格取得支援**です。例えば養成校に通う学生に対して修学資金の一部を貸し付け、卒業後に一定の期間、実務に従事すれば、返還を免除する取組みがあります。

　また、**就業継続支援**として、保育士の業務負担を軽減するため、保育に関する記録や保護者との連絡、登降園管理などの業務を ICT 化するためのシステム導入費用を支援するなどしています。

　その他、**離職者の再就職支援**として、**保育士・保育所支援センター**において、潜在保育士の掘り起こしや事業者とのマッチング支援などの取組みがあります。

　処遇改善については、まず新制度の実施において、職員の賃金改善を進める施設・事業者に対する給付費の加算が設けられました。さらに、保育の質向上とセットにしたさらなる対策として、**保育士等キャリアアップ研修**の受講実績や経験年数などによって個々の保育士などがキャリア形成を図れるようにするとともに、そのキャリアに応じた賃金改善に必要な費用を給付費に加算する取組みが実施されています。

5|5 ◎…幼児教育・保育の業務②
教育・保育の利用に関する事務

▶▶ 教育・保育給付認定

　ここからは、保護者の教育・保育施設、地域型保育事業の利用希望に対する市町村の事務を中心に見ていきます。施設・事業は多岐にわたり、制度も複雑なため、説明が複雑になりがちです。利用者支援の取組みも併せ、施設・事業に関することや申込み手続きなどについて、丁寧に情報提供・説明し、保護者によく理解してもらいながら事務を進めていきましょう。

　まず、**教育・保育給付認定**は、私学助成を受けている幼稚園を除く、教育・保育施設（保育所・幼稚園・認定こども園）と地域型保育事業の利用において必要です。子ども・子育て支援法に基づき、市町村は保護者からの申請を受け、審査の上で給付を認定します。それぞれの認定で、利用できる施設・事業とその時間が異なります。

　教育・保育給付認定では、①年齢と保育の必要性に応じた1号・2号・3号の**認定区分**、さらに2号・3号の場合には、②保護者の就労や傷病・障がい、介護・看護、求職活動中など**保育を必要とする事由**、また、③施設・事業を利用できる時間である**保育必要量**を認定します。

　ここでは、以下の3つのパターンに分けて確認していきます。

○1号認定（教育標準時間認定）

　満3歳以上の子どもを養育している保護者が希望に応じて認定を受けることができます。幼稚園では「幼稚園教育要領」により、年間39週以上、**1日あたり4時間を標準**に、各園で定めた時間、教育を行うことを踏まえ、利用時間は「標準1日4時間」と定められています。

なお、市町村の事務の運用においては、1号認定のみ、事前に保護者が幼稚園・認定こども園（1号認定枠）に直接申込みをして、入園が内定した子どもについて、園を経由するなどして認定申請を受け付け、市町村が処理する手続きになっています。

○2号認定・3号認定（保育標準時間認定）

　例えば、毎月20日間、1日6時間以上（1か月で120時間以上）就労しているなど、まとまった時間、園での保育が必要な子どもを養育している保護者が認定を受けることができます。

　2号認定は満3歳以上、3号認定は満3歳未満の子どもです。この認定を受けると、保育が必要な範囲で、園があらかじめ定める**1日あたり11時間**の枠を利用できます。新制度以前は、11時間を超える延長保育に対して補助があったことを踏まえ、1日11時間が基準となっています。

○2号認定・3号認定（保育短時間認定）

　1か月で120時間を超えない範囲で就労しているなど、園での保育が必要な子どもを養育している保護者が認定を受けることができます。

　保育標準時間認定と同様、2号認定は満3歳以上、3号認定は満3歳未満の子どもです。この認定を受けると、保育が必要な範囲で、園があらかじめ定める**1日あたり8時間**の枠を利用できます。

　8時間の基準は、児童福祉施設の設備及び運営に関する基準において保育所は「保育時間は、1日8時間を原則に所長が定める」こととなっていることを踏まえてのものです。

　認定手続では、「保育を必要とする事由」や就労時間などにより、「保育標準時間認定」で11時間利用できるか、「保育短時間認定」で8時間になるかを判断します。

　なお、就労の場合、「保育短時間認定」を受けるために最低何時間の就労を要件とするかについては、1か月あたり48時間から64時間の範囲で市町村が定めることとされています。

▶▶ 利用の調整（市町村による入園選考）

施設・事業の定員を超えて申込みがあったときの利用者の優先順位について、1号認定と2号・3号認定の場合に分けて見ていきます。

まず、1号認定で利用する幼稚園及び認定こども園（1号認定枠）については、保護者が園に直接申込みをした際、抽選や先着順、兄弟の上の子が入園したことがある場合を優先するなど、あらかじめ園が定める基準に沿って園が選考することとされています（子ども・子育て支援法第33条第2項）。

一方、2号・3号認定で利用する保育所・認定こども園（2・3号認定枠）・地域型保育事業については、市町村が児童福祉法第24条に基づき**利用調整**を行います。

2号・3号認定の利用において市町村が行う「利用調整」とは、利用の申込みがあった子どもについて、家庭での保育が困難な度合いを点数化するなどして利用の優先順位を付け、優先すべき子どもから利用を内定する選考作業です。特に利用調整では公平性や透明性が求められ、市町村はあらかじめ要綱などに定めた選考基準に沿って選考します。

選考基準は「保育が必要とする事由」に応じて、保護者の就労や介護に必要な時間、ひとり親であるか否か、同居する親族の状況、兄弟・姉妹の保育状況などを点数として換算するものです。

選考基準（利用調整基準）は、行政事務における審査基準であり、あらかじめ住民に公表することとされています。

選考作業や保護者への対応においては、点数が比較的少ない場合も、それがすなわち保育を受ける必要性が低い家庭であると受け止めることなく、市町村の立場として「保育の必要性」を認定している子どもの一人に変わりはないと捉える姿勢が大切です。

▶▶ 要請から利用決定までの流れ

2号・3号認定の子どもについて、選考により利用の調整を行った市町村は、その調整結果に基づき、受け入れを施設・事業者に**要請**すると

ともに、利用が内定した旨を保護者に通知します。

　保護者は施設・事業者の重要事項説明に同意して、利用契約の締結により利用が決定します。なお、保育所の利用については、私立も含め市町村が保育の実施を「委託」しているため、市町村の「要請」や保護者と施設・事業者間の「契約」行為はなく、利用調整の結果に基づき、保育所での面接などを経て市町村が入所を決定します。

　保護者は保育に必要な経費として国が定めている「公定価格」のうち、定められた**利用者負担額**のみを支払います。残額は市町村が給付費として施設・事業者に支払います（p.57）。

　国は子ども・子育て支援法施行令で、世帯の所得状況や何番目の子どもであるか、また、ひとり親家庭や障がい児・者が在宅する家庭か否かなどを勘案して利用者負担額の水準を規定しており、市町村はその額を限度に市町村でそれぞれの利用者負担の基準額表を定めています。

　市町村は利用する子ども一人ひとりについて、その利用者負担の基準額表に照らして額を算定し、利用決定と併せて保護者に通知します。

▶▶▶ 子育てのための施設等利用給付

　概ね３歳クラスから５歳クラスまでの教育・保育施設などを利用する保育料は無償であり（対象となる施設・事業は p.58 の**図表11**）、「教育・保育給付認定」によって利用する教育・保育については、利用者負担額を０円とすることで無償化を行っています。

　一方、私学助成の幼稚園や認可外保育施設、一時預かりの利用などでは、手続きが異なり、まず市町村がその施設・事業者に対し、無償化の対象となる施設・事業であることや求める教育・保育の質を満たしていることなどを**確認**します。

　次に、市町村はその施設・事業を利用した保護者から**施設等利用給付認定**（**新１号・新２号・新３号**）の申請を受けて認定します。その後、基本的に市町村は保護者が施設・事業者にいったん支払った利用料のうち、定められた額を限度として「施設等利用費」を保護者に償還（返金）します。

◎…幼児教育・保育の業務③
保育サービスの
さらなる充実

▶▶ 延長保育・一時預かり（幼稚園型Ⅰ）

　ここでは、教育・保育施設などが通常の幼児教育・保育の提供以外に行う取組みを見ていきます。

　延長保育と**一時預かり（幼稚園型Ⅰ）**は、ともに地域子ども・子育て支援事業の1つです。延長保育は、2号・3号認定の子どもが、認定を受けている保育標準時間（11時間）もしくは保育短時間（8時間）を超えて保育が必要なとき、保護者が就労状況などの挙証資料を施設・事業者に提出して利用することができます。

　一時預かり（幼稚園型Ⅰ）は、幼稚園で「預かり保育」と呼ばれるものであり、1号認定の子どもが教育標準時間（4時間程度）を超えて保育を希望するときに利用する事業です。これは家庭や地域が行う教育の代替として園が行う取組みであり、保育の必要・不要は問わないことから、事業の利用に際して挙証資料の提出などは不要です。

▶▶ 一時預かり（幼稚園型Ⅱ）

　一時預かり（幼稚園型Ⅱ）は、幼稚園における正式な入園前の、満3歳未満児に対するいわゆる「プレ保育」のうち、保育の必要性の認定を受けた児童（3号認定）が該当するものです。

　3号認定の子どもを受け入れる幼稚園に対して、その取組みも一時預かりの類型の1つと位置付けることで公的な支援を充実させ、幼稚園も活用することで地域の保育ニーズの増加に対応しようとするものです。

▶▶ 障がい児保育・特別支援教育

　教育・保育施設及び地域型保育事業の利用においては、障がいの有無や程度にかかわらず、1つの集団としての関わり合いのなかで育ち合う、インクルーシブな教育・保育が推進されています。

　障がい児が利用する保育所や認定こども園などにおいて、保育者の追加配置（加配）に必要な費用は、地方交付税で措置されており、それを踏まえて各市町村において障がい児保育の制度が整備されています。

　また、幼稚園の利用についても私学助成に基づく特別補助（特別支援教育経費）で財政支援がなされています。

▶▶ 医療的ケアの実施

　医療的ケア児に対しても一人ひとりの発達・発育状況に応じた教育・保育を提供することが重要であり、教育・保育施設などにおいても適切で安全な医療的ケアの実施が求められています。

　市町村では、施設に配置されている看護師や、訪問看護ステーションからの派遣看護師が、主治医の指示書に基づき医療的ケアを実施するなどの対応をとっています。なお、たんの吸引や経管栄養については、一定の研修を受けた保育士なども、認定特定行為業務従事者として医師の指示のもとに医療的ケアを行うことが、制度上可能となっています。

▶▶ 病児保育

　地域子ども・子育て支援事業の1つとして、子どもが病気の際に自宅での保育が困難な場合に、病院・保育所などにおいて、病気の児童を一時的に保育する**病児保育**があります。

　病児、病後児（病気の回復期の児童）、体調不良児の対応ごとに実施の要件などが定められています。保護者は直接、実施している病院・保育所などに利用を申し込みます。新制度の開始後、法律において市町村が行う事業として位置付けられ、実施が努力義務化されています。

5│7 ◎…子育て家庭と教育・保育や支援サービスをつなぐ

▶▶ 事業計画と利用者支援は「車の両輪」

　利用者支援は、子ども・子育て支援法に基づき、地域子ども・子育て支援事業の1つとして、子育て家庭や妊婦に対し、教育・保育施設や地域型保育事業、地域の子育て支援事業の利用をサポートする取組みです。地域子育て支援拠点をはじめとする、子育て家庭が訪れやすく相談しやすい場で実施します。

　具体的には、①（狭義の）利用者支援と②地域連携の2つの取組みがあります。①「（狭義の）利用者支援」では、教育・保育施設や地域型保育事業、子育て支援の情報を幅広く把握し、子育て家庭の相談に応じ、個別のニーズに沿った的確な情報を提供して円滑な利用につなげます。施設や事業だけでなく、制度や手続きの案内も行います。

　また、②「地域連携」は、子育て家庭や妊婦への情報提供や利用のサポートに必要となる、地域の支援団体などの保育資源や子育て資源の開発・育成、それらとの関係づくりを行います。

　利用者支援の実施形態には、地域子育て支援拠点などにおいて「（狭義の）利用者支援」と「地域連携」をともに実施する形態や、自治体窓口で主に「（狭義の）利用者支援」に特化して実施する形態があります。

　新制度において施設・事業の種類や数は地域によって各段に増加していますが、保護者が自身のニーズに沿ったサービスなどに的確につながるためには、個別ニーズにマッチした情報提供や、複雑な制度や手続きについてのわかりやすい説明が必要となります。そのため、この事業は「市町村子ども・子育て支援事業計画」とセットで新制度における車の両輪と国も説明しており、非常に重視されている取組みです。

▶▶▶ 自治体窓口における利用者支援の３つのポイント

　自治体窓口での「利用者支援」の実施においては、具体的に次の３つの取組みを進めることが重要です。

○ 幼児教育・保育の利用全体についての丁寧でわかりやすい説明

　保護者によっては、１号認定と２号認定で受けられるサービスや費用がどう異なるのか、認定こども園の類型によって何がどう変わるのか、また、利用手続きについてなど、わかりづらい内容が多くあります。

　保護者の希望や状況をよく聞いた上で、その意向に沿ったいくつかの選択肢をフラットな視点で紹介するとともに、それらの違いを理解いただくことで、個別のニーズに沿った施設・事業の利用につながります。

○ 利用調整により利用が保留となった子育て家庭へのフォロー

　入園の希望がかなわなかった家庭は、想定していた子どもの園生活、就労、送迎の流れなど、さまざまな生活設計の変更を余儀なくされます。

　保留となって悩む保護者に対し、個々の状況に応じて、次の選択肢となる施設・事業や地域の子育て支援事業などを案内します。こうしたフォローは保留を通知した時点だけでなく、定期的に家庭状況や意向を把握し、保護者の希望に応じて継続して行うことが大切です。

○ １号認定の子どもも含めた利用のあっせん・要請

　２号・３号認定の子どもの施設・事業の利用については「教育・保育給付認定」と併せて市町村で受付をする一方、１号認定の子どもの利用は施設に申込みをするため、市町村に手続きに訪れる必要はありません。

　しかし、特別な配慮を要する子どもの受入れなど、施設の職員体制や状況によっては、子どもの入園が円滑に進まない場合もあります。

　子ども・子育て支援法第42条には、子どもが適切に施設を利用できるよう市町村が相談に応じて助言し、必要に応じて他の施設を**あっせん・要請**することなどが定められており、保育の利用に関する相談以外にも、幅広く相談に応じることが求められています。

COLUMN・5

幼児期と小学校の育ち・学びをつなげる取組み

　幼児期に培ってきた育ち・学びが小学校以降の学習や生活の基盤となってさらに伸びるよう、一人ひとりの育ち・学びをつなげる取組みを**幼保小接続**といいます。大きく①教育課程（保育内容）の接続と、②個々の子どもの育ち・学びの状況や必要な支援の引継ぎがあり、①は2022年度から**幼保小の架け橋プログラム**として推進されており、②は特に障がいの子どもを対象に重視されています。

　小学校につなぐといっても、授業中座って一律に指導を受けられる習慣付けや早期教育・準備教育を志向するものではなく、幼児期には生活や遊びを通じて発達段階に応じた総合的な学びを深め、小学校低学年では幼児教育の観点を踏まえた指導の改善が推進されています。

●幼保小接続の取組み（基本的なもの）

①教育課程（保育内容）の接続
○小学校以降の生活・学習の基盤の育成【幼稚園・保育所などにおいて】 ・小学校教育の先取りでない幼児期にふさわしい教育・保育を実施
○低学年での教育全体の充実【小学校において】 ・幼児教育の観点を踏まえて指導を工夫し、幼児期の育ちをさらに伸長 　（教科を合わせた指導、弾力的な時間割設定など）
○教育内容の接続　○相互間の連携・交流【幼保・小学校双方において】 ・幼児期から児童期への発達の流れの理解　・合同の研究・研修 ・子どもの実態や指導のあり方の相互理解
②個々の子どもの育ち・学びの状況や必要な支援の引継ぎ
○幼稚園幼児指導要録・保育所児童保育要録などの引継ぎ ・教育・保育施設は、在籍児童に関して保育の過程や子どもの育ちに 　関する事項などをまとめた要録を作成し、小学校に引継ぎ
○「個別の教育支援計画」など支援に関する情報の引継ぎ ・障がいのある子どもなどについては、保護者の協力のもと、教育委員会 　や就学前の教育・保育施設、関係機関が連携し、一人ひとりの教育的ニー 　ズを踏まえた支援内容などをまとめ、小学校に引継ぎ

（文部科学省「幼稚園教育要領」「小学校学習指導要領」、通知「幼稚園及び特別支援学校幼稚部における指導要録の改善について」（平成30年3月30日）、厚生労働省通知「保育所保育指針の適用に際しての留意事項について」（平成30年3月29日）及び文部科学省「障害のある子供の教育支援の手引～子供たち一人一人の教育的ニーズを踏まえた学びの充実に向けて～」（令和3年6月）基に著者作成）

第 **6** 章

障がいのある子どもへの支援

すべての子どもが、障がいの有無にかかわらず健やかに育まれるための取組みを見ていきます。障がい児支援を担当する職員はもちろん、他の子育て支援や教育に携わる職員も、窓口対応や事業の連携などにおいて必要となる知識です。ここで意義や支援の概要、事務の流れなどを押さえておきましょう。

6|1 ◎…すべての子どもの その人らしい成長 を支援する

▶▶▶ 障がいのある子どもの健やかな育ちを支援する

　障がい福祉とは、障がいのある人が、自らの意思決定に基づき、住み慣れた地域のなかで、ともに支え合いながら安心して暮らし、活躍できる社会をつくる取組みです。障がいのある子どもの健やかな育ちを支援する取組みは、①障がいを早期に発見し、療育につなげる取組み（**早期発見・早期療育**）、②居宅から施設・事業所に通う、もしくは居宅に支援者が訪問して受ける支援（**在宅福祉サービス**）、③施設に入所して受ける支援（**施設福祉サービス**）、④その家庭への**経済的支援**に分けることができます。④は次章で取り上げ、ここでは①②③を見ていきます。

　障がいのある子どもが抱える課題は、個人のみから起因するものではなく、生育歴も含めた身近な家庭や地域との関わり、日々の暮らしにおける物理的な環境など複合的な要因によるところがあり、総合的な観点からの支援が重要です。

　「療育」とは、障がいのある子どもに対して、保健・医療・福祉・教育が協力して早期から行う発達促進のための総合的な支援を指します。

　なお、本書では「障害」を「障がい」と表記しています。ただし、法令や制度における固有名詞については「障害」としています。表記については自治体ごとに運用を統一していますので確認しておきましょう。

▶▶▶ 共生社会の実現に向けた法の整備

　障がいのある子どもへの支援をより深く知るために、まず障がいのある人の権利や福祉に関するこれまでの国の取組みを振り返ります。

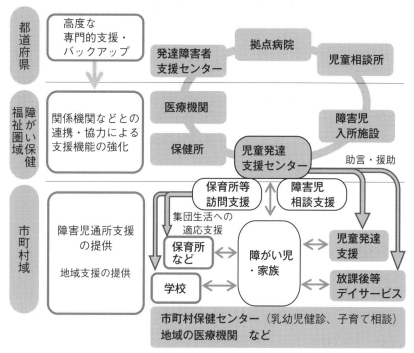

図表 31　地域における障がい児支援体制のイメージ

都道府県

高度な
専門的支援・
バックアップ

発達障害者
支援センター

拠点病院

児童相談所

障がい保健福祉圏域

関係機関などとの
連携・協力による
支援機能の強化

医療機関

保健所

児童発達
支援センター

障害児
入所施設

助言・援助

市町村域

障害児通所支援
の提供

地域支援の提供

保育所等
訪問支援

障害児
相談支援

集団生活への
適応支援

保育所
など

障がい児
・家族

学校

児童発達
支援

放課後等
デイサービス

市町村保健センター（乳幼児健診、子育て相談）
地域の医療機関　など

（厚生労働省「児童発達支援ガイドライン」参考資料 1 より一部改変）

　障害者の権利に関する条約が 2006 年に国連で採択されて以降、我が国では条約の批准（2014 年）に向け、国内法の整備を始めとして障がい者に係る制度の集中的な改革が進められました。2011 年には**障害者基本法**が改正され、共生社会の実現が明文化されました。次いで、2012年には「障害者虐待の防止、障害者の養護者に対する支援等に関する法律（**障害者虐待防止法**）」が施行されました。

　また、同年には障害者自立支援法が改正されて「障害者の日常生活及び社会生活を総合的に支援するための法律（**障害者総合支援法**）」が制定され、障がい福祉サービスの充実が図られた他、2013 年には、「障害を理由とする差別の解消の推進に関する法律（**障害者差別解消法**）」が制定されています。

▶▶▶ 身体・知的・精神の3つの障がい種別

ひとことで「障がい」といっても、必要な支援はさまざまです。ここで、法律における障がい者・障がい児の定義について確認します（**図表32**）。障害者基本法にあるように、障がい者は、障がいがあることだけではなく、日常生活や社会生活での暮らしにくさ（**社会的障壁**）によって制限を受けている状態の人とされている点に留意が必要です。

また、**身体障がい**、**知的障がい**及び**精神障がい**については、図表33にまとめています。

これら3つの障がいは、2006年施行の障害者自立支援法により制度体系が一元化され、また、それを改正した障害者総合支援法では、障がい者に「難病などがある者」も含まれました。難病などは、障害そのものに分類されているわけではありませんが、それらの法律に基づく福祉サービス利用の対象として位置付けられているものです。

図表32　障がい者・障がい児などの法律上の定義

障害者	身体障害、知的障害、精神障害（発達障害を含む）その他の心身の機能の障害がある者であって、障害及び社会的障壁により継続的に日常生活又は社会生活に相当な制限を受ける状態にあるもの	障害者基本法
	身体障害者、知的障害者のうち18歳以上の者及び精神障害者（発達障害者を含み、知的障害者を除く）のうち18歳以上である者並びに難病等がある18歳以上であるもの	障害者総合支援法
障害児	身体に障害のある児童、知的障害のある児童、精神に障害のある児童（発達障害児を含む）または難病等の児童	児童福祉法
発達障害児	発達障害がある者であって発達障害及び社会的障壁により日常生活又は社会生活に制限を受ける18歳未満のもの〔発達障害の定義〕自閉症、アスペルガー症候群その他の広汎性発達障害、学習障害、注意欠陥多動性障害その他これに類する脳機能の障害であってその症状が通常低年齢において発現するものとして政令で定めるもの	発達障害者支援法

図表 33　身体障がい・知的障がい・精神障がいの概説・定義など

①身体障がい 　身体のどこかに不自由のある障がいをさす。外部からは症状がわからない内部障がいとよばれる障がいも含まれる。 〔**身体障がい者の定義：身体障害者福祉法第4条**〕 　身体障害者障害程度等級表に掲げる身体上の障害がある18歳以上の者であって、都道府県知事から身体障害者手帳の交付を受けたもの
②知的障がい 　金銭管理や文字の読み書きが苦手など、日常生活や学校生活の上で頭脳を使う知的行動に支障のある障がいをさす。 〔**知的障がい者の定義**〕 　知的障害者福祉法上は知的障がい者の定義はない。 　「平成17年知的障害児（者）基礎調査」では、知的障害を「知的機能の障害が発達期（概ね18歳まで）にあらわれ、日常生活に支障が生じているため、何らかの特別の援助を必要とする状態にあるもの」と説明。 ※戦後の長期にわたり、法制度上「精神薄弱」と表記されていたが、1999年から法律の改正により「知的障害」に統一された。
③精神障がい 　統合失調症、気分障がい（双極性障がいなど）、薬物・アルコールによる急性中毒・依存症、てんかんなどがある。大きく気分が沈むなど、心のバランスに関する障がいを意味する。 〔**精神障がい者の定義：「精神保健及び精神障害者福祉に関する法律」第5条**〕 　統合失調症、精神作用物質による急性中毒又はその依存症、知的障害、その他の精神疾患を有する者をいう。 ※知的障がいが定義に含まれるのは、精神医療の利用において関係することによる。医学的に同一の種類ではなく、福祉制度上も精神障がいには位置付けられていない（知的障害者福祉法・児童福祉法を適用）。

（社会福祉法人全国社会福祉協議会『社会福祉学習双書 2022 児童・家庭福祉』、2022より一部改変）

▶▶ 発達障がいの理解促進

　1980年代頃から、知的障がいは伴わないものの生活のしづらさを抱える子どもの存在が、教育や福祉の現場などで指摘され始めましたが、適切な法制度がなく、十分な支援を受けることが難しい状況でした。

　2004年に**発達障害者支援法**が制定され、発達障がいへの理解の促進

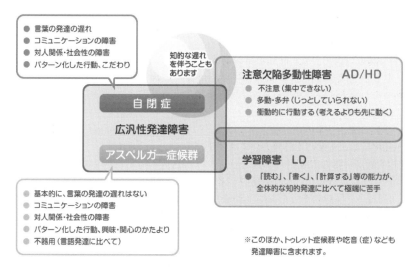

● 言葉の発達の遅れ
● コミュニケーションの障害
● 対人関係・社会性の障害
● パターン化した行動、こだわり

知的な遅れを伴うこともあります

自閉症

広汎性発達障害

アスペルガー症候群

● 基本的に、言葉の発達の遅れはない
● コミュニケーションの障害
● 対人関係・社会性の障害
● パターン化した行動、興味・関心のかたより
● 不器用（言語発達に比べて）

注意欠陥多動性障害　AD/HD
● 不注意（集中できない）
● 多動・多弁（じっとしていられない）
● 衝動的に行動する（考えるよりも先に動く）

学習障害　LD
● 「読む」、「書く」、「計算する」等の能力が、全体的な知的発達に比べて極端に苦手

※このほか、トゥレット症候群や吃音（症）なども発達障害に含まれます。

（政府広報オンライン「発達障害って、なんだろう？」2021年12月2日より一部改変）

や支援などが進められています（**図表34**）。

　なお、世界保健機関（WHO）の国際疾病分類などは、適宜、改訂がなされており、法制度における発達障がいの捉え方も変更されていく可能性があることに留意が必要です。

▶▶▶ 子どもの発達多様性を理解して支援する

　さまざまな知見に基づき、「障害」の捉え方は変わってきています。従前は「障がいは社会参加を阻むもの」という見方が中心でした。現在は**障がいとは個人の機能だけでなく、環境や個人という背景因子との包括的な状態**だと捉えるようになっています。

　例えば、発達障がいは一般的にその子どもの特性（特徴）であってその特性自体が障がいではありません。環境との相互作用により、生活上の不適応があり支援が必要なら「障がい」となり、適応状態が良好なら「個性」と受け止められます。そうした特性に早く気付き、その子どもに合った関わりや支援をすることで、愛着形成が進み、子ども自身の自

信にもつながり、それが社会性や自立心の育成につながることが期待できます。その子どもの発達多様性を理解し、将来の成長の可能性を支えられるよう、きめ細かに支援することが大切です。

▶▶ 地域社会への参加・包容を推進する

　かつては、障がい児は地域から離れて生活し、支援や教育を受ける傾向にありました。しかし、障がい児も社会的人格を持った子どもとして、その子どもの特性に応じたサービス利用の前に、その子どもの人権があり、その生活の保障が求められます。

　身近な地域社会で、一人の生活者として社会的関係性が築かれるよう、保育所などでの障がい児保育をはじめ、幼児期の教育・保育施設と児童発達支援の両方に通う**併行通園**も行われています。また、障がい児施設の専門職員が障がい児の通う保育所や学校などを訪問して支援する**保育所等訪問支援**も推進されるなど、障がい児支援施設には地域の保育資源などに対する後方支援的な役割も求められています。

▶▶ 家族支援を重視し、縦と横の連携を推進する

　障がいの有無にかかわらず、生を受けたこと自体が何よりも祝福されるべきことです。また、その子どもにとっての成長・発達があり、付随する喜びがあります。障がいに関わるストレスなどによって、親子がそうした喜びを感じることができないとなれば、非常に辛く悲しいことです。障がいのある子どもへの支援では、子ども本人や親が孤立しないよう、気持ちに寄り添い、支えていくことが求められます。

　また、子どものライフステージに沿って、地域の保健や医療、障がい福祉、保育、教育、就労支援などの関係機関が連携し、切れ目ない一貫した支援を進めることが重要です。障がいへの気付きの段階から途切れない支援の調整を行うための「縦の連携」と、関係者間の情報共有・協力を進める「横の連携」を合わせた**縦横連携**が推進されています。

6|2 ◎…読んでおくべき 関係法規

▶▶▶ 障害者基本法

　1993年改題の**障害者基本法**は、障がい者の自立や社会参加の支援施策に関する基本的理念を定め、国・自治体などの責務を明らかにし、施策の基本事項を定めて施策を総合的・計画的に推進する、障害福祉の基盤となる重要な理念法です。

　第1条には、この法律の目的として「全ての国民が、障害の有無にかかわらず、等しく基本的人権を享有するかけがえのない個人として尊重されるものであるとの理念にのっとり、全ての国民が、障害の有無によって分け隔てられることなく、相互に人格と個性を尊重し合いながら共生する社会を実現する」と、**ノーマライゼーション**の理念が明記されています。加えて、以下の条文でも重要な理念が掲げられています。

（地域社会における共生等）
第3条　第1条に規定する社会の実現は、全ての障害者が、障害者でない者と等しく、基本的人権を享有する個人としてその尊厳が重んぜられ、その尊厳にふさわしい生活を保障される権利を有することを前提としつつ、次に掲げる事項を旨として図られなければならない。
一　全て障害者は、社会を構成する一員として社会、経済、文化その他あらゆる分野の活動に参加する機会が確保されること。【ソーシャルインクルージョン】
二　全て障害者は、可能な限り、どこで誰と生活するかについての選択の機会が確保され、地域社会において他の人々と共生することを妨げられないこと。
三　全て障害者は、可能な限り、言語（手話を含む。）その他の意思疎通のための手段についての選択の機会が確保されるとともに、情報の取

得又は利用のための手段についての選択の機会の拡大が図られること。
【意思決定支援】
（差別の禁止）
第4条　何人も、障害者に対して、障害を理由として、差別することその他の権利利益を侵害する行為をしてはならない。
2　社会的障壁の除去は、それを必要としている障害者が現に存し、かつ、その実施に伴う負担が過重でないときは、それを怠ることによって前項の規定に違反することとならないよう、その実施について必要かつ合理的な配慮がされなければならない。【社会的障壁の除去】・【合理的配慮の提供】
3　国は、第1項の規定に違反する行為の防止に関する啓発及び知識の普及を図るため、当該行為の防止を図るために必要となる情報の収集、整理及び提供を行うものとする。
※【　】内著者が追記

例えば、ここで理念として掲げた障がい者に対する差別の禁止などを明確化した法律が**障害者差別解消法**であり、「不当な差別的取扱いの禁止」と「合理的配慮の提供」について定められています。

▶▶▶ 障害者総合支援法

地域社会における共生の実現に向けて、障がい福祉サービスの充実など障がいのある人の日常生活や社会生活を総合的に支援することを目的に**障害者自立支援法**を改正するかたちで 2012 年に制定されたのが障害者の日常生活及び社会生活を総合的に支援するための法律（**障害者総合支援法**）です。

障害者基本法で障がい福祉の理念を明らかにした上で、障害者総合支援法で具体的な福祉サービスについて規定しており、障がい児の利用できる福祉サービスも含まれています。

▶▶▶ 児童福祉法

児童福祉法は、児童の福祉に関する根本法規として 1947 年に制定され、数回の大きな改正を経て現在に至っています。2012 年の改正で障

がい種別で分かれていた従来の施設体系を一元化し、**障害児通所支援**と**障害児入所支援**に整理し、障がい児支援の強化を図っています。

また、2016 年の改正で市町村・都道府県に対し、国の定める基本指針に即した**障害児福祉計画**の作成が規定されています。

▶▶ 身体障害者福祉法

福祉 3 法の 1 つとして、児童福祉法や生活保護法と併せて戦後まもなくの 1949 年に制定されたのが**身体障害者福祉法**です。

身体障がい者の自立と社会経済活動への参加を促進するため、必要な援助や保護を行い、福祉の増進を図ることを目的としています。

▶▶ 知的障害者福祉法

知的障がい児に対する法の整備としては、戦後当初は「精神薄弱児施設」が児童福祉法に規定されていましたが、1960 年に精神薄弱者福祉法が制定されて成人にも取組みが広がり、1999 年に**知的障害者福祉法**に改称されました。

この法律は知的障がい者を援助し、必要な保護を行うことで、その自立と社会経済活動への参加を促進し、福祉の向上につなげることを目的としています。

▶▶ 精神保健福祉法

精神保健及び精神障害者福祉に関する法律（**精神保健福祉法**）は、精神障がい者の福祉の増進と国民の精神的健康の向上を図るための法律です。精神障がい者が規定され、身体障がい・知的障がいと併せた 3 つの障がい種別が福祉施策の対象とされたのが 1993 年の障害者基本法の制定においてでした。「精神保健法」が 1995 年に本法に改正され、従来の保健医療施策に加え、福祉施策についても規定されたことで、医療と福祉を両輪とする法律となっているところが、この法律の特徴です。

▶▶ 発達障害者支援法

　2004 年に制定された**発達障害者支援法**は、これまで既存の障がい福祉制度の谷間に置かれ、その気付きや対応が遅れがちであった自閉症・アスペルガー症候群、LD（学習障害）、ADHD（注意欠陥多動性障害）などを発達障がいと総称し、それぞれの障がい特性やライフステージに応じた支援を国・自治体・国民の責務として定めた法律です。

　本法で規定されている**発達障害者支援センター**は、発達障がい支援の中核的な機関として位置付けられています。

▶▶ 医療的ケア児支援法

　人工呼吸器の装着やたんの吸入、経管栄養など、日常的に医療的ケアを必要とする児童が増加しています。在宅生活では主に家族が医療的ケアを担っていますが、医療的ケア児やその家族に対する支援は十分とはいえません。

　2021 年制定の医療的ケア児及びその家族に対する支援に関する法律（**医療的ケア児支援法**）は、自治体や保育所、学校の設置者などに対して、医療的ケア児支援施策の責務などが示されています。

図表 35　医療的ケア児の概念整理

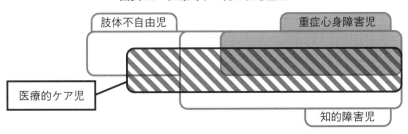

（「二本柳覚『図解でわかる障害福祉サービス』2022、中央法規」より一部改変）

6|3 ◎…障がいのある 子どもへの支援

▶▶ 障がいの早期発見から早期療育へ

障がいのある子どもへの支援の流れを順に見ていきます。

子どもに障がいがある場合は、適切な療育・支援を受けることで将来に向けた力を育み、生活の質の向上にもつながっていくことが期待されることから、**早期発見・早期療育**に向けた取組みが進められています。

例えば、乳幼児健康診査や子育て・発達の相談で、市町村保健センターの保健師が、障がいや発達が気になる子どもを確認した場合、集団教室や個別相談でフォローを行いながら、診療が必要と判断される場合には、中核となる療育機関の診療部門や医療機関につなぐなどしていきます。

そこでは、相談面接や検査を経て診察し、その結果に基づき必要な場合にはリハビリテーションを行います。

リハビリテーションには、理学療法や作業療法、言語聴覚療法があります。それぞれ理学療法士が運動発達の促しや日常生活動作の改善・助言を行ったり、作業療法士が感覚統合療法といわれる、遊具などを用いて必要な感覚刺激を与える療法を行ったり、言語聴覚士が言葉の発達に必要な援助などを行ったりします。

さらに、子どもの成長・発達の状況や保護者の希望などに応じて、障がい児が利用できる福祉サービスの利用にもつなげていきます。

▶▶ 障がい児が対象となる福祉サービスの体系

障がいのある子どもが利用できる福祉サービスを確認していきます（**図表 36**）。

大きく、障害者総合支援法と児童福祉法に基づくサービスがあります。主に訪問系サービスなどは障害者総合支援法が、施設や事業所に通所する形態のサービスや、施設に入所しての支援は、児童福祉法が担当しています。自治体職員の皆さんは、窓口で問合せがあったときに適確に案内ができるように、サービスの種類や内容を押さえておきましょう。

図表36　障がい児が利用できる障がい福祉サービスの体系

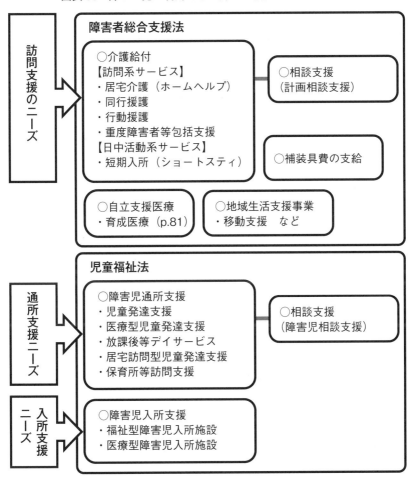

▶▶ 障害者総合支援法に基づく福祉サービス

　障害者総合支援法に基づく福祉サービスのうち、障がいのある子ども
が対象で、居宅に訪問する形態と日中活動系のサービスとして**図表37**
の事業が挙げられます。保護者は市町村に支給申請をして支給要否の決
定を受けます。また、支給決定に必要となる「サービス等利用計画案」
は「計画相談支援」を利用して作成します。

図表37　障害者総合支援法に基づく障がい児対象のサービス

【訪問系サービス】	
居宅介護（ホームヘルプ）	自宅で、入浴、排せつ、食事の介護等を行う
同行援護	視覚障害により、移動に著しい困難を有する人が外出する時、必要な情報提供や介護を行う
行動援護	自己判断能力が制限されている人が行動するときに、危険を回避するために必要な支援、外出支援を行う
重度障害者等包括支援	介護の必要性がとても高い人に、居宅介護等複数のサービスを包括的に行う
【日中活動系サービス】	
短期入所（ショートスティ）	自宅で介護する人が病気の場合などに、短期間、夜間も含め施設で、入浴、排せつ、食事の介護等を行う

（厚生労働省「障害者総合支援法・児童福祉法の理念・現状とサービス提供のプロセ
ス及びその他関連する法律等に関する理解」を基に著者作成）

▶▶ 障害者手帳の交付

　障害者手帳制度は、障がいのある人が障がいに関する手帳の交付を受
けることで、さまざまなサービスを利用できる制度です。
　障害者手帳とは、身体障害者手帳、療育手帳、精神障害者保健福祉手
帳の3種類を総称した一般的な呼称です。
　制度の根拠法などはそれぞれ異なり、**図表38**のとおりです。どの手
帳所持者も障害者総合支援法の対象となってさまざまな支援が受けられ

る他、自治体や事業者が独自に提供するサービスを受けられることもあります。交付の流れとしては、例えば療育手帳であれば、福祉事務所経由で申請を受け付け、都道府県などで児童相談所などの判定結果に基づき交付を決定し、福祉事務所を経由して交付します。

図表 38　障害者手帳の概要

	身体障害者手帳	療育手帳	精神障害者 保健福祉手帳
根拠	身体障害者福祉法	療育手帳制度について（S48厚生事務次官通知） ※通知に基づき各自治体において要綱を定めて運用	精神保健及び精神障害者福祉に関する法律
交付主体 など	・都道府県知事 ・指定都市・中核市の市長	・都道府県知事 ・指定都市・児童相談所を設置する中核市の市長	・都道府県知事 ・指定都市の市長
対象 （概要）	身体に障がいがあり、症状が固定し、身体障害者福祉法別表に該当する者	児童相談所（18歳未満）又は知的障害者更生相談所（18歳以上）において、知的障がいがあると判定された者	精神疾患を有し、その精神障がいのために長期間、日常生活や社会生活への制約がある者（知的障がいは除く）

（厚生労働省ホームページ「障害者手帳について」を基に著者作成）

▶▶ 補装具費の支給

　補装具とは、障がいのある人の身体機能を補完・代替し、長期間にわたって継続して使用する器具をいいます。車いすや眼鏡、義足、歩行器などがあります。これらは一般に高額で、特に子どもの場合は身体の成長によって買替えが頻繁になることもあり、金銭的負担が重くなりがちです。補装具費は、障害者総合支援法に基づき、補装具の購入と修理に必要な費用のうち定められた額を支給します（第76条）。

6|4 ◎…児童福祉法に基づく障がい児支援サービス

▶▶▶ 児童福祉法の障がい児支援の概要

　障害者総合支援法に基づく子どもが対象の福祉サービスは6－3でふれましたので、ここで児童福祉法に規定する障がい児支援サービスを見ていきます。

　障害児通所支援を利用する保護者は、市町村に申請を行い、支給決定をした後、利用する施設と契約を結びます。**障害児入所支援**を利用する場合は、都道府県（児童相談所）に申請をします。

　障害児通所支援は、利用される方の状態やニーズ、年齢に応じて、児童発達支援、放課後等デイサービス、保育所等訪問支援などのサービスがあります。この他、サービスの利用に関する計画を相談・作成する「障害児相談支援」があります。

　障がい児サービスの利用児童数は年々増加しています。特に放課後等デイサービス、児童発達支援、障害児相談支援の順に占める割合が大きく、増加幅も顕著です（**図表39**）。それに併せてサービスを提供する事業所数も飛躍的に増加し、身近な地域で支援が受けられるようになった一方で、適切な運営や支援の質の確保などに課題があることも指摘されています。

　多様性が尊重されるなか、障がいのある子どもの自己肯定感を高め、その子らしさが発揮されるための支援は、障害者通所支援の重要な役割であり、さらに成長・発達の過程でさまざまな葛藤を抱える保護者をサポートする役割も大切です。

　障がい児支援部門の職員も、保健や子育て支援部門と連携し、障がい児施策と子育て施策を連続線上のものとして考える必要があります。

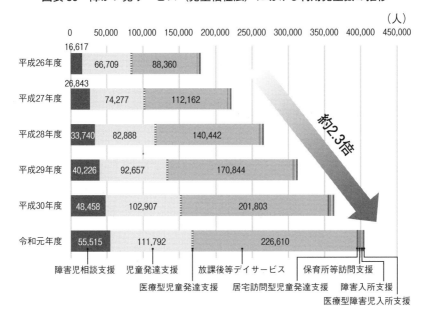

図表 39　障がい児サービス（児童福祉法）における利用児童数の推移

（人）

（厚生労働省「障害児通所支援の在り方に関する検討会報告書（参考資料集）」2021）

▶▶▶ 児童発達支援

　児童発達支援は、集団療育及び個別療育を行う必要があると認められる未就学の障がい児を主な対象として、日常生活の基本的な動作の指導、知識技能の付与、集団生活への適応訓練など必要な支援を行うサービスです（児童福祉法第6条の2の2第2項）。

　児童発達支援センターや**児童発達支援事業所**が児童発達支援の担い手であり、利用児童はその施設・事業所に通所してサービスを受けます。

　児童発達支援の利用は、必ずしも保育所や幼稚園のように平日毎日利用するわけではなく、利用者における1か月の利用日数の平均は、5日が20.3%、10日が15.9%、23日が26.6%と、かなりバラつきが見られます。また、利用時間別では、児童発達支援センターでは4時間超の利用が61.6%であるのに対し、児童発達支援センター以外の事業所では4

時間以下の利用が73.5％であるなど、児童発達支援の支援内容にも、比較的長時間の生活全般の支援の場合と、スポットによる支援の場合などさまざまであることが確認できます（厚生労働省「障害児通所支援の在り方に関する検討会報告書（参考資料集）」2021）。

▶▶▶ 医療型児童発達支援

医療型児童発達支援は、肢体不自由（上肢、下肢又は体幹の機能の障がい）のある児童を対象に、医療型児童発達支援センターなどに通所して、児童発達支援及び理学療法の機能訓練などの治療（リハビリテーション）を行うものです（児童福祉法第6条の2の2第3項）。

▶▶▶ 児童発達支援センター（福祉型・医療型）

児童発達支援センターは、児童福祉法に規定されている児童福祉施設です。通所する障がい児に児童発達支援を提供します（第43条）。

発達障がい児の増加により、児童発達支援や放課後等デイサービスの利用ニーズが増えるなか、地域のそれらの事業所に対し、支援内容などについての助言や援助を行う役割もあります。

加えて、より高度な専門性に基づく療育の提供や障がい児が通う地域の保育所・学校などを訪問しての支援（保育所等訪問支援）など、地域における障がい児支援の中核的役割を果たすことも期待されています。

各自治体で中核的機能を担う療育機関では、例えば、①検査・診察を行う**診療所**と、②児童発達支援を行う**児童発達支援センター**、③子どもの障がいに関する相談対応や「障害児支援利用計画」作成などを行う**障害児相談支援事業所**を併設するなどし、さらに「保育所等訪問支援」を行うことで、地域の教育・保育の利用への移行促進も進めています。

現在は、福祉的支援を行う**福祉型**児童発達支援センターと、医療も提供する**医療型**児童発達支援センターが児童福祉法に規定されており、福祉型が全国で642か所、医療型が95か所あります（社会福祉施設等調査、2020年10月時点）。

障がいの種別にかかわらず、身近な地域で必要な発達支援を受けられるようにするため、2024年4月施行の改正児童福祉法により、福祉型と医療型の一元化が予定されています。

▶▶放課後等デイサービス

　放課後等デイサービスは、学校に通学する障がい児に対して、放課後や夏休みなどの長期休暇中に、生活能力向上のための訓練などを継続的に行い、学校教育とともに障がい児の自立促進などを図る支援です（児童福祉法第6条の2の2第4項）。

　利用児童は通学する小・中学校などの授業終了後、放課後等デイサービス事業所の送迎も活用して事業所に通所し、自立した日常生活を営むために必要な訓練や創作的活動・作業活動、地域交流などを行います。

　現在の制度では、幼稚園・大学を除いた学校教育法第1条に定められた学校（いわゆる1条校）に通う障がい児がこの支援の対象となっており、専修学校・各種学校の就学者は除かれています。これを2024年4月からは、それらの学校に通う障がい児についても、市町村長が認める場合については、放課後等デイサービスを利用可能とすることが予定されています。

▶▶保育所等訪問支援

　保育所等訪問支援は、保育所や幼稚園、認定こども園の他、小学校や特別支援学校、また、乳児院や児童養護施設などを利用する障がい児を対象に、その施設での集団生活に適応するために専門的な支援を行うサービスです（児童福祉法第6条の2の2第6項）。

　児童発達支援センターなどから支援員が施設を訪問し、障がい児本人に対する訓練などの支援や、施設スタッフに対する支援方法の指導などを行います。

　保育所等訪問支援は障がいのある子どもの地域社会への参加・包容（インクルージョン）を推進するための取組みです。

保育所などではじめて発達上の課題が気付かれることが多いことや、障がい児通所支援から保育所などに移行（転園）した後、不適応を起こす子どもも少なくない実態を受け、地域移行を推進するために2012年の改正児童福祉法で創設されました。

▶▶ 居宅訪問型児童発達支援

居宅訪問型児童発達支援は、重度の障がいのある子どもで、児童発達支援や医療型児童発達支援、放課後等デイサービスを受けるために外出することが著しく困難な児童を対象に、その居宅を訪問して日常生活における基本的な動作の指導や生活能力の向上のために必要な訓練などを行う支援です（児童福祉法第6条の2の2第5項）。

この支援は単なる見守りや送迎者の不在など、障がい児本人の状態以外の理由による利用は適当でないことから、確認のため、障害児相談支援を利用することが必要です。なお、対象者は体調が不安定であることが想定されるため、支給決定（訪問）日数は、週2日を目安としています。

▶▶ 障害児相談支援

障害児相談支援とは、障害児通所支援の利用前に、相談支援専門員が、生活に対する意向や悩みを聞きながら障害児支援利用計画案を作成し、適切なサービス利用に向けて事業者と連絡調整を行うものです（児童福祉法第6条の2の2第7〜9項）。

また、サービスを受けている児童について、利用状況や児童の状況を聞き取り、利用計画が適切であるかどうか確認し、モニタリング報告書を作成します。

なお、障害児通所支援の利用に必要な障害児支援利用計画案は、保護者自身で作成する（セルフプラン）ことも可能です。

▶▶▶ 障害児入所支援

障害児入所支援は、障害児入所施設に入所する障がいのある子どもに対して行う支援です（児童福祉法第7条第2項）。**福祉型障害児入所施設**、医療を併せて提供する**医療型障害児入所施設**の2類型があります。

対象は身体に障がいのある児童や知的障がいのある児童、発達障がい児を含む精神に障がいのある児童であり、障害者手帳の有無は問わず、児童相談所や医師などから療育の必要性が認められた児童も対象です。

また、それぞれの施設において身体・知的・精神の3つの障がいに対応することが原則とされていますが、障がいの特性に応じた支援を提供することも可能です。

障害児入所支援は、次の4つの機能を担うとされています。①重度障がいや重複した障がい、行動障がい、発達障がいなど多様な障がいの児童に対応する**発達支援機能**、②退所後の地域生活や障がい者支援施設への移行、また就労に向けた対応を行う**自立支援機能**、③被虐待児童などに対応する**社会的養護機能**、④在宅障がい児やその家族に対応する**地域支援機能**です。そのなかでも、③の社会的養護の役割については、入所児童のうち被虐待児（疑いを含む）の割合が3割を超えるとされています（「障害児入所施設の在り方に関する検討会報告書」2020年2月）。

施設入所する児童は、地域生活を送る上で必要なことが身に付くよう支援を受けながら、原則として、18歳でグループホームなどの障害者総合支援法に基づく地域生活へ移行します。しかしながら、このような成人施設においても、空きが少なかったり、自傷や他害を含めた強度の行動障がいや性的な問題行動がある児童の受入れについては困難であったりするなど、移行の調整が十分に進まない状況が課題とされています。

そこで、障害児入所施設からの円滑な移行調整の枠組みを構築するため、2024年4月の改正児童福祉法において、障害児入所施設の入所児童などが地域生活などへ移行する際の調整の責任主体を都道府県や指定都市に明確化し、22歳までの入所継続も可能とされています。

6|5 ◎…自治体の マネジメントと 利用に関する事務

▶▶▶ 障害児福祉計画の策定

　障害児通所支援などの提供体制の確保を計画的に進めるため、市町村と都道府県は、需要（**必要な量の見込み**）と供給（**提供体制の確保に係る目標**）に関する事項をまとめた**市町村障害児福祉計画**と**都道府県障害児福祉計画**を策定します（児童福祉法第 33 条の 20 及び第 33 条の 22）。この計画に依拠し、障害児支援の担い手である事業者の**指定**を行うこととなります。

　市町村の計画には、①障害児通所支援と障害児相談支援の提供体制の確保に係る目標に関する事項、②各年度における障害児通所支援や障害児相談支援の種類ごとの必要な見込み量などを記載します。一方、都道府県の計画には、①障害児通所支援や障害児入所支援、障害児相談支援の提供体制の確保に係る目標に関する事項、②都道府県で定める区域ごとの各年度の障害児通所支援や障害児相談支援の種類ごとの必要な見込み量、③各年度の障害児入所施設などの必要入所定員総数などを記載します。

　また、他の障害福祉に関する計画として、障害者基本法に基づく**障害者計画**や、障害者総合支援法に基づく**障害福祉計画**があります。障害児福祉計画は、他の障がい児の福祉に関する計画などと調和が保たれたものである必要があります。なお、障害福祉計画と障害児福祉計画は一体のものとして作成することも可能とされています。

　ところで、障害者基本法においては、障害者施策の総合的・計画的推進のための調査審議や施策の実施状況の監視などのため、学識経験者などによる**合議制の機関**の設置が規定されています。法改正前には「地方

障害者施策推進協議会」の名称でした。都道府県・指定都市は必置で、市町村は任意とされています（第36条第1項及び第4項）。

　併せて、自治体において、関係機関、障がいのある人やその家族、障がい者支援関係の職務従事者などで構成し、障がい者への支援体制に関する情報共有や連携、協議を行う**協議会**の設置も障害者総合支援法で努力義務化されています（第89条の3）。

　障害児福祉計画の作成や変更の際には、設置されている当該合議制の機関への意見聴取が義務化、当該協議会への意見聴取が努力義務化されています。

図表40　障がい福祉関係の主な計画

	障害者計画	障害福祉計画	障害児福祉計画
根拠法	障害者基本法	障害者総合支援法	児童福祉法
概要	障害者のための施策に関する基本的な計画	障害福祉サービスの提供体制の確保など、本法に基づく業務の円滑な実施に関する計画	障害児通所支援などの提供体制の確保など、障害児通所支援などの円滑な実施に関する計画

▶▶ 障害児通所支援事業者などの「指定」

　障害児通所支援を提供する事業者や障害児入所施設は、都道府県などから、また、障害児相談支援を提供する事業者は市町村から**指定**を受けて、児童福祉法に基づく障がい児支援を行うことができます。

　指定の基準は、国が定める基準を踏まえて自治体が条例で定めることとされています（**図表41**）。なお、国の基準は人員や設備、運営などの事項に応じて、自治体が**従うべき基準**と**標準とすべき基準**、**参酌すべき基準**に分かれています。

　また、児童福祉施設である障害児入所施設や児童発達支援センターを開設する場合は、「指定」と併せて設置**認可**の手続きも行う必要があります。

図表 41　指定・認可の根拠法及び基準

施設類型 指定・認可の主体	国の定める基準
■指　定	
①障害児通所支援 　都道府県 など	児童福祉法に基づく指定通所支援の事業等の人員、設備及び運営に関する基準
②障害児入所施設 　都道府県 など	児童福祉法に基づく指定障害児入所施設等の人員、設備及び運営に関する基準
③障害児相談支援 　市町村	児童福祉法に基づく指定障害児相談支援の事業の人員及び運営に関する基準
■認　可	
・児童発達支援センター ・障害児入所施設 　都道府県 など	児童福祉施設の設備及び運営に関する基準

　さらに、「指定」を受けて事業を実施する事業者に対し、指定権者である自治体が、サービスの取扱いや費用の請求などについて周知徹底するのが**指導**です。加えて、基準の違反や費用請求での不正などが疑われるケースがあったときは**監査**を実施し、事実関係の的確な把握のもとに公正で適切な措置をとります。

▶▶ 通所支援の利用に向けた支給決定の流れ

　ここでは、障害児通所支援を取り上げ、一般的な利用に向けた流れを見ていきます。

　利用には**支給決定（通所給付決定）**を受ける必要があります。支給決定とは、障がい児の保護者から申請があったサービスの利用について、公費で助成することを決定するものです。対象となるのは、主に児童福祉法に規定する障がい児ですが、その確認において、必ずしも医学的診断名や障害者手帳が必須要件ではないことに留意が必要です。

　基本的な流れとして、市町村は保護者の相談を受け、あらかじめ利用する事業所や施設などを保護者が見学・検討した上で、支給申請を受け

付けます。申請の際、障害児支援利用計画案（p.148 を参照）の提出も
受けます。

　支給申請を受け付けたら、まず市町村はサービスの利用意向や勘案す
べき事項を面接で聴き取ります。併せて、必要に応じて児童相談所など
の意見も聴き取ります。

　次に、それらの調査結果などにより、障がいの種類や程度を確認し、
月ごとの利用可能な日数（**支給量**）を決定の上、支給決定（通所給付決
定）を行います。併せて利用者負担の認定を行います。

　最後に市町村は、支給決定通知書と**通所受給者証**を利用者に交付し、
利用者がその内容をもとに事業者や施設と契約を締結してサービスを利
用します。

　なお、障害者総合支援法の福祉サービスを成人が利用するときは、障
がいの多様な特性など、心身の状態に応じて必要とされる標準的な支援
の度合いを総合的に示す指標である「障害支援区分」の認定を行うこと
となっています。一方、障がい児については、発達の途上でもあること
から、障害支援区分の認定はありません。

　利用者負担については、障害児通所支援を利用する場合、サービス費
用の1割が利用者の負担となり、残りの9割は自治体などが負担するこ
ととなっていますが、世帯の所得に応じた区分で、「負担上限月額」が
定められています。また、未就学児の多子軽減措置もあります。

　さらに、「幼児教育・保育の無償化」（p.58 を参照）に伴い、**就学前児
童発達支援の無償化**がされており、満3歳になって以降はじめての4月
1日から3年間は、利用者負担は無償とされています。なお、医療費や
食費などの実費で負担する費用は対象外です。

　また、同じ世帯内で障害福祉サービスを利用する人が複数いる場合な
どにおいては、特に経済的な負担が大きくなります。その負担を軽減す
る観点から、障害福祉サービスや児童通所支援、障害児入所支援、補装
具、介護保険サービスの併用によって、1か月の利用者負担額の合計が、
定める世帯の基準額を上回ったときは、超えた額を**高額障害児通所給付
費**として償還（返金）します。

COLUMN · 6

一人ひとりの教育的ニーズを踏まえた学びの充実

　障がい児支援と関連する知識として、**特別支援教育**の基本的な内容を見ておきます。学校教育で推進されている**インクルーシブ教育システム**では、同じ場で共に学ぶことを追求するとともに、個別の教育的ニーズのある子どもに対して、自立と社会参加を見据え、その時点で教育的ニーズに最も的確に応える指導を提供できる、多様で柔軟な仕組みを整備することを重要としています。

　具体的な対応として、①小・中学校などにおけるいわゆる**通常の学級**、②**通級による指導**、③**特別支援学級**、④**特別支援学校**という連続性のある多様な学びの場で特別支援教育が推進されています。

●インクルーシブ教育システムにおける多様な学びの場

小・中学校など	①いわゆる通常の学級	いわゆる通常の学級に障がいのある子どもが在籍し、個々の障がいに配慮しつつ通常の教育課程に基づく指導を実施
	②通級による指導	通常の学級に在籍している障がいのある子どもが、ほとんどの授業を通常の学級で受けながら、障がいの状態などに応じた特別の指導を通級指導教室で受ける指導形態
	③特別支援学級	障がいのある子どものために小・中学校に障がいの種別ごとに置かれる少人数の学級（8人を上限）交流する通常の学級の授業にも参加
④特別支援学校		専門性のある多職種の教職員の指導・支援の下で、小・中学校などに準ずる教育を実施すると共に、障がいによる学習上・生活上の困難を克服し自立を図るために必要な知識技能を授ける学校

　なお、2022年の国連障害者権利委員会の改善勧告では、「分離教育は分断した社会を生み出す。インクルーシブ教育は共に生きる社会を作る礎」との考えのもと、障がいのある子どもを含むすべての子どもが、それぞれに合わせた必要な支援を受けつつ、共に関わり合いながら一緒に学ぶ教育の推進に向け、取組みの改善を求めています。

第 **7** 章

子育て家庭への
経済的支援・
ひとり親家庭支援

経済的な子育て家庭への支援について、各種手当と福祉医療費助成を確認していきます。また、ひとり親家庭の状況や支援の意義・概要についても見ていきます。併せて税金や公的医療保険、年金にもふれていきますので、関係する他分野の担当者も、ここで基礎的な知識を押さえておきましょう。

◎…安定した生活による子ども・家庭の福祉向上

▶▶▶ 経済面で子育て家庭を支える

　子育て家庭への経済的支援を見ていく前に、社会生活を営む上での安心や安定を支える、全世代に共通の公的な保障（社会保障制度）を確認します。社会保障制度は、大きく年金・医療・介護といった**社会保険**、さまざまな暮らしの状況や課題に応じた支援を行う**社会福祉**、最低限度の生活を保障し、自立を助ける**公的扶助**、健康の保持・増進に向けた**保健医療・公衆衛生**の４つに分類されます。

　「社会保険」とは、高齢や病気、障がい、死亡など、さまざまな予期し難い生活上のリスクに対して、社会全体で備える仕組みです。

　また、「公的扶助」の中心は生活保護制度であり、その人の資産や能力などすべてを活用してもなお生活に困窮する人に対し、困窮の程度に応じて必要な保護を行い、健康で文化的な最低限度の生活を保障し、その自立を助長するセーフティネットです。

　子育て家庭への経済的支援は、いわば「社会保険」と「公的扶助」の間に位置付けられる「社会福祉」の取組みの１つであり、少しでも安定した生活を送ることができるよう、金銭的な支援を行います。

　経済的に暮らしに困る経緯はさまざまですが、特に障がいのある人やその家族においては、就ける職業が限られて収入が少ない、障がいのために働けない、医療費の負担が継続して家計を圧迫しているなど、そうでない家庭以上に、さまざまな要因があり得ます。また、ひとり親家庭においても、ひとり親となったときの住居や就業状況、子どもの年齢、人数などによって生活が困窮するリスクが高まります。

　そうした課題を踏まえ、障がいのある子どものいる家庭や、ひとり親

家庭をはじめ、子育て家庭を経済面で支える制度として、国は各種の手当制度を設けています。さらに、自治体の任意の取組みとして、福祉的観点から医療費を助成する福祉医療費助成も進められています。

▶▶▶ 子育て家庭に対する手当の種類

　子育て家庭を対象にした主な手当制度は**図表 42** の 4 つです。自治体によっては、これ以外にも独自の手当や助成を設けていますので、所属する自治体の施策を確認するようにしましょう。

図表 42　子育て家庭、ひとり親家庭、障がい児への手当制度

※障がい者（20 歳以降）に対する関連施策も記載

	手　当	0歳　3歳　6歳　　　15歳　18歳　20歳
一般	①児童手当	（3子以降） 1.5万円 1.5万円 （1・2子）1万円 （特例給付）0.5万円
ひとり親家庭	②児童扶養手当	約4.3万円〜 （子どもの数による。一部支給もあり） （障がい児の場合）
障がい児のいる家庭	③特別児童扶養手当	1級　約5.2万円 2級　約3.5万円　／　＊障害基礎年金　1級 約8.1万円　2級 約6.5万円
重度の障がい児	④障害児福祉手当	約1.5万円　／　＊特別障害者手当　約2.7万円

※金額は令和 4 年度時点（概算）

子ども・子育て家庭を対象とする手当には4種類あります。①**児童手当**は広く一般の子育て家庭を対象とした手当であり、子ども・子育て支援法の「子どものための現金給付」に位置付けられています（第9条）。

　また、②**児童扶養手当**は、主にひとり親家庭を対象とし、③**特別児童扶養手当**は障がいのある子どもの家庭を、④**障害児福祉手当**は、重度の障がいのある子どもを対象としています。

　児童福祉は18歳までの施策が多く見られますが、障がい児を対象とする手当は基本的に20歳までとなっており、対象者の理解を誤らないよう留意が必要です。なお、20歳以降の障がい者の所得を保障する制度として、障害基礎年金や特別障害者手当についても、併せて確認しておきましょう。

　ところで、自治体の事務には大きく分けて**自治事務**と**法定受託事務**があります。

　自治事務には、法律・政令により事務処理が義務付けられている事務と、自治体で任意で実施する事務がありますが、いずれも国の関与が比較的限定されています。一方、法定受託事務は、国が本来果たすべき役割に関わる事務です。国においてその適正な処理を特に確保する必要があるものとして、法律又はこれに基づく政令に定められています。

　4つの手当についての自治体の事務は、基本的に法定受託事務であり、国が自治体に適正な事務処理を特に求める事務となっています（地方自治法別表第1）。

▶▶ 福祉医療費助成の趣旨と仕組み

　日本では、公的医療保険（健康保険）による国民皆保険制度で、健康面のリスクに備えています。

　福祉医療費助成は、国の法律・政令に基づかない自治体の任意の取組みとして、健康保険に上乗せして、医療を受けた人の経済的な負担を軽減する制度です。

　要件を満たし健康保険が適用された後、残る受診者の自己負担額のうち、自治体が定める「一部負担金」のみを支払い、それ以外の額は自治

体が助成します（**図表 43**）。

　自治体によって、子どもやひとり親家庭、重度障がいの人などを対象要件として実施しており、適切な受診や早期治療を促進し、健康の維持・増進につなげています。

　助成におけるお金の流れとしては、受診した人は、診療機関で一部負担金のみを支払えばよく、助成分の金額は直接、診療機関が自治体に請求し、自治体から診療機関に支払われる流れが基本となっています。

図表 43　福祉医療費助成のイメージ

例：外来医療費 1 万円（1 日）の診療を受けて
　　一部負担金 400 円の福祉医療費助成が該当する場合

7,000 円（医療費の 7 割）	2,600 円 （自治体が助成）	400 円 受診者 の負担

健康保険上の自己負担（3 割）

▶▶ 住民ニーズに応える手当事務のための基本の心得

　手当事務は、住民の収入に直結する事務ですので、正確な事務執行が非常に重要です。また、行政サービスの提供全般にいえることとして、テキパキと効率よく処理し、来庁の目的を適切に達成できるよう対応する視点も大切です。

　一方で、住民応対の基本的な姿勢として、時に時間をかけて相談や申請に来られた住民の気持ちの理解に努め、制度の範囲内でそれに応えられるよう寄り添う心がけも欠かせません。

　さらには、公平性の確保や無用なトラブルの回避、さらには来庁者の満足度の向上という観点から、窓口では、どの職員が応対してもこれらを達成できる一定の水準を維持することが求められます。

　本書で各手当の趣旨や関連を理解した上で、相手に応じた的確な案内や対応ができるよう、職場のマニュアルもよく確認しておきましょう。

7|2 ◎…手当支給の業務

▶▶▶ **手当の支給に関する基本的な流れ**

　ここから児童手当、児童扶養手当、特別児童扶養手当及び障害児福祉手当の概要や業務の留意点について確認していきます。

　手当の支給認定までの基本的な流れを**図表44**に示します。

図表44　手当の一般的な支給プロセス（イメージ）

```
┌─────────────────────────────┐
│ 認定請求（新規申請）の受理  │
└─────────────────────────────┘
              ⇩
┌─────────────────────────────┐        ┌──────────────────────┐
│ 審査（支給要件・所得要件など）│◀┄┄┄┄┄│ 額改定請求の受理      │
└─────────────────────────────┘        │ （子が増えたなど）    │
              ⇩                          └──────────────────────┘
┌─────────────────────────────┐                    ┊
│ 支給認定                    │◀┄┄┄┄┄┄┄┄┄┄┄┄┄┄┄┄┘
└─────────────────────────────┘
              ⇩
┌─────────────────────────────┐
│ 定められた月に支払（振込）  │
└─────────────────────────────┘
```

　支給は、原則、申請した月の翌月分からとなります。

　申請をしなければ、支給されたはずの手当を受けられないことにもなりかねません。支給要件がある人に、誤った案内をすることのないよう、制度の正しい理解と丁寧な説明が大切です。

　なお、児童手当で、出生日や転入した日（異動日）が月末に近い場合、申請日が翌月になっても異動日の翌日から15日以内であれば、申請月分から支給することとされています（児童手当法第8条第3項）。

▶▶▶ 4種類の手当の概要

　ここで、4つの手当の概要や概ね共通する内容について、まとめて確認していきます。

図表45　手当の概要

	主な受給資格者	支給認定権者	支払い月年度切替	所得要件の対象者
児童手当	15歳到達後3月末までの児童を監護し生計同一の父または母　など	市区町村	2/6/10月 ※6月から	受給資格者
児童扶養手当	18歳到達後3月末(障がい児は20歳)までの、 ①父と生計同一でない児童を監護する母 ②母と生計同一でない児童を監護し生計同一である父　など	都道府県市・特別区福祉事務所設置の町村	1/3/5/7/9/11月 ※11月から	受給資格者 ＋ ・受給資格者の配偶者 または ・生計同一の扶養義務者
特別児童扶養手当	精神又は身体に障がいのある20歳までの児童を監護する父または母　など	支給は国認定は都道府県・指定都市	4/8/12月 ※8月から	
障害児福祉手当	精神又は身体に重度の障がいのある20歳までの児童	都道府県市・特別区福祉事務所設置の町村	2/5/8/11月 ※8月から	受給資格者 ＋ ・受給資格者の配偶者 または ・生計維持の扶養義務者

※支給月額は図表42を参照

　児童手当を除く手当の支給月額は、年平均の全国消費者物価指数に基づき自動改定することとされており、いわゆる「物価スライド制」となっています（児童扶養手当法第5条の2、特別児童扶養手当等の支給に関する法律第16条で準用）。4月分から改定後の額で支給します。

第7章　子育て家庭への経済的支援・ひとり親家庭支援

また、これらの手当に共通する取扱いとして、子どもを監護する父母などを支援する趣旨を踏まえ、例えば、児童養護施設や障害児入所施設に児童が入所している間は、受給対象から外れます。なお、児童手当については、そうした施設の入所中、施設管理者に手当が支給されます。

　ただし入所施設のうち、母子生活支援施設は、母子ともに入所する施設ですので、施設入所を理由に手当が支給されないことはありません。加えて、保育所の利用は「入所」といいますが、実質は「通所」ですので、手当が支給されない条件にはなりません。

　その他、各種の手当で概ね共通して用いられるいくつかの用語について、その意味や留意点を確認しておきます。

○監護する
　監督し、保護することです。主に精神面から児童の生活について種々に配慮し、物質面から日常生活において児童の衣食住の面倒を見ていることと解されます。親権の有無を問わず、また、必ずしも同居を要件とはしていません。

○生計を一にする（生計同一）
　両者の生活に一体性があることです。消費生活の家計が同一であることが一応の基準となります。

○生計を維持する（生計維持）
　児童の生計費の概ね大半を支出している場合などがこれに当てはまります。これには他者から受け取った仕送りを生計費に充てる場合なども当てはまり、必ずしも自分で稼いだものである必要はありません。

○扶養義務者
　直系血族及び兄弟姉妹がこれにあたります（民法第877条第1項）。直系血族とは、当人の祖父母・父母・子・孫などです。

○父

母が児童を懐胎した当時婚姻の届出をしていないが、その母と事実上婚姻関係と同様の事情にあった者を含むものとされています。

○婚姻、配偶者〔児童扶養手当、特別児童扶養手当、障害児福祉手当〕

「婚姻」には、婚姻の届出をしていないものの、事実上婚姻関係と同様の事情にある場合を含みます（いわゆる**事実婚**）。

「配偶者」には、婚姻の届出をしていないものの、事実上婚姻関係と同様の事情にある者（いわゆる**事実婚相手**）を含みます。

▶▶ 児童手当

児童手当は、児童手当法に基づき、子育て家庭の生活の安定に寄与するとともに、次代の社会を担う児童の健やかな成長に資することを目的に、中学校修了の時期までの児童を養育している父母などに支給する手当です。

児童手当は、満3歳未満の子どもに関する被用者保険加入者（いわゆるサラリーマンなど）への支給において、国・都道府県・市町村だけでなく事業主も費用を負担しているのが特徴です。

また、公務員については、全額が国または自治体の負担とされており、基本的に市町村の窓口で公務員への支給についての事務はありません。児童手当の申請受付においては、受給資格者について以下の2点に留意が必要です。

○所得の高いほうの父または母を優先

父も母も児童を監護し、生計同一である場合の受給資格者は、いずれか当該児童の「生計を維持する程度の高い者」とされています（児童手当法第4条第3項）。

一般には、家計の主宰者として、社会通念上、妥当と認められるものをもって該当者とすることとなり、その判断において一般的には、父母のうち所得が高いほうが受給資格者（申請者）となります。

○同居する父または母を優先

父母が別居し、その父母が生計同一でない場合には、児童の生計を維持する程度（一般に所得）にかかわらず、児童と同居しているほうが受給資格者であるとされています（同法第4条第4項）。

基本的に、別居については、住民票の住所や世帯分離の状況を、また生計同一でないことについては、離婚または離婚協議の状況などを確認することになります。

▶▶ 児童扶養手当

ひとり親家庭になる理由はさまざまですが、ひとりで仕事や家事を担いながら安定して子育てをすることは大変です。

児童扶養手当は、児童扶養手当法に基づき、主にひとり親家庭の子どもの福祉の増進につながるよう、その家庭の生活の安定と自立促進のために支給する手当です。

したがって、相談や必要書類の案内の際には、児童育成を支援するための手当であることや、ひとり親家庭の自立支援を目的としていることを説明します。状況に応じて就労意思を確認することも必要です。

対象は、18歳到達後の3月末（障がい児は満20歳）までの児童であって、①父母が婚姻（内縁関係を含む）を解消した児童（離婚）の他、**父または母が、②死亡、③重度障がい、④生死不明**、⑤継続して1年以上児童を**遺棄**している、⑥裁判所からの**DV保護命令**を受けた、⑦継続して1年以上**拘禁**されているという児童、また、⑧婚姻によらないで生まれた児童（いわゆる**未婚の母の子**）、⑨**棄児**（置き去られた子どもなど）など父母が明らかでない児童です。

児童扶養手当は、正確な受給資格の認定や手当額の決定のために、かなりプライバシーに踏み込んだ内容を質問することも必要になります。前もって申請者にはそうした点も説明の上、申請者の心情に配慮しつつも正確な事実確認を行い、状況に沿った書類の提出を依頼します。

また、「事実婚」は受給の可否に大きく関わる事項ですので、児童扶養手当における事実婚の概念もあらかじめ説明しておく必要がありま

す。

　支給には、全額を支給される**全部支給**と、所得額に応じて一部が支給される**一部支給**があり、それぞれ所得制限限度額が定められています。一部支給では、受給資格者の所得額に応じて、細かく支給額が計算されます。

　なお、受給資格者と生計を同じくする扶養義務者がいる場合などは、受給資格者の所得とは別に、その人の所得も確認します。そして、受給資格者の所得制限限度額とは別に定められた扶養義務者などの限度額に照らし、それを超える場合は全部支給停止となります。まずは、自治体で広報するパンフレットや手引きの限度額表を確認してみましょう。

▶▶▶ 特別児童扶養手当・障害児福祉手当

　特別児童扶養手当と障害児福祉手当、また、著しい重度の障がいのある20歳以上の人を対象とする特別障害者手当の3つの手当について規定されているのが**特別児童扶養手当等の支給に関する法律**です。

　特別児童扶養手当は、この法律に基づき、20歳未満の障がいのある児童を家庭で監護、養育している父母などに支給される手当であり、これら児童の福祉の増進を図ることを目的としています。

　手当の支給要件に該当する障がいの程度は、この法律の施行令に1級（重度）と2級（中度）に分けて定められています。

　また、**障害児福祉手当**は、特別児童扶養手当等の支給に関する法律に基づき、精神的・物質的負担を軽減する一助として重度の障がいのある20歳未満の児童本人に支給される手当です。

7/3 ◎…福祉医療費助成の業務

▶▶ 福祉医療費助成に共通する事務の流れ

　福祉医療費助成の業務の流れを見ていきます。新規申請を受け付けて受給者証を交付するまでの基本の流れは、**図表 46** のとおりです。

図表 46　福祉医療費助成の一般的な認定プロセス（イメージ）

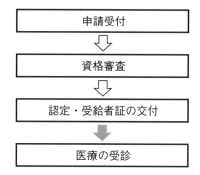

（1）申請の受付

　医療費助成を受けるための申請を受け付けます。

　資格審査において必要となる健康保険証や各福祉医療の種類に応じた書類の添付を申請者に依頼します。

　また、認定において所得の制限がある場合、当該自治体で市町村民税を課税していない人（1 月 2 日以降に転入された人など）に対しては、自治体内で所得の確認ができないため、所得・課税証明書などの提出も依頼します。

（2）資格審査

認定する要件が揃っているかを審査します。

一般的には、①**住所**（当該市町村に住民登録しているかなど）、②**年齢**（各医療費助成を受給できる年齢か）、③**所得要件**（所得制限を超えていないか）、④**健康保険**（健康保険に上乗せして助成する制度のため）、⑤**生活保護（医療扶助）受給の有無**（当該受給者の医療費は生活保護制度で対応するため、医療費助成の適用外）を審査します。

（3）認定・受給者証の交付

受給資格があれば、決裁などを経て、受給者証を作成・交付します。

▶▶ 子どもの医療費の助成

乳幼児をはじめとする子どもの医療費を助成することにより、乳幼児などの病気の早期発見と治療を促進し、健やかな成長に寄与することを目的としています。

乳児については、死亡率が比較的高いこと、この時期における健康管理がその後の児童の成長にも大きな影響を及ぼすこと、1～2歳については医療機関などへの受診日数も多くなり育児への負担も大きいことなどから、各自治体の状況に応じて助成が推進されています。

また、安心して子育てできる生活環境づくりとして、若い世代の経済的負担を軽減する少子化の対策の1つとしても進められています。

▶▶ ひとり親家庭などの医療費の助成

母子家庭、父子家庭及びこれらに準ずる家庭の医療費を助成することにより、これらの家庭の健康の増進や福祉の向上につなげることを目的に、各自治体の状況に応じて助成が行われています。なお、同じくひとり親家庭への支援には児童扶養手当があり、医療費助成でも児童扶養手当の所得制限を準用している例などがありますが、資格の認定をはじめ、運用面など異なる点があり、違いを確認しておくことも大切です。

7│4 ◎…基礎知識としての税・公的医療保険・年金

▶▶ 手当・助成事務と税や健康保険・年金の関係

　手当や助成の事務においては、所得やそれに伴う税、公的医療保険（健康保険）、公的年金についてある程度の基本的知識が必要です。

　まず、所得や税についてですが、手当や助成に関する事務では、所得の多寡によってそれを受ける必要性・適格性を判断するにあたり、申請者やその他の扶養義務のある人の「所得」や「市町村民税所得割額」を確認することが少なからずあります。また、福祉医療費助成が、公的医療保険（健康保険）の上乗せ助成であることから、福祉医療費助成の事務に携わるには、健康保険についての一定のレベルの知識が必要になります。さらに公的年金については、例えば、ひとり親家庭や障がいのある人の家庭では、公的年金と手当の両方を受ける資格がある場合があります。その場合、基本的には両方を全額受け取れるわけではなく、いずれかのみ受給できる場合や、併給を調整する仕組みがあるため、年金の基本的な知識があると、手当制度の理解もスムーズです。

　ここでは、税や健康保険、年金の基礎・基本にふれていきます。

▶▶ 市町村民税（所得割）額の計算法

　当年度の個人市町村民税は、前年1～12月の所得に基づき、基本的に当年1月1日時点の住所地で課税されます。

　市町村民税には「均等割」と「所得割」があります。均等割は、所得の額にかかわらず一定の額がかかる税です。一方、所得割は、前年の所得に応じてかかる税です。両方とも課税される人、均等割のみ課税され

る人、両方ともかからない人（非課税）がいます。

　一般的に**所得**とは、**収入**からその収入を得るために要した費用（**必要経費**）などを差し引いた額です。

　給与所得の場合、必要経費として計上できる額は、収入額に応じてあらかじめ地方税法に基づいて定められた額になります。

　給与所得や配当所得など種類ごとに、所得額の計算方法が定められている他、公益上や政策上、あるいは税負担を担う資力が弱いなどの理由から、非課税となる所得もあります。**図表47**が、給与収入の場合の市町村民税所得割額の算定に至るフローのイメージです。

図表47　市町村民税（所得割）額の計算法（イメージ）

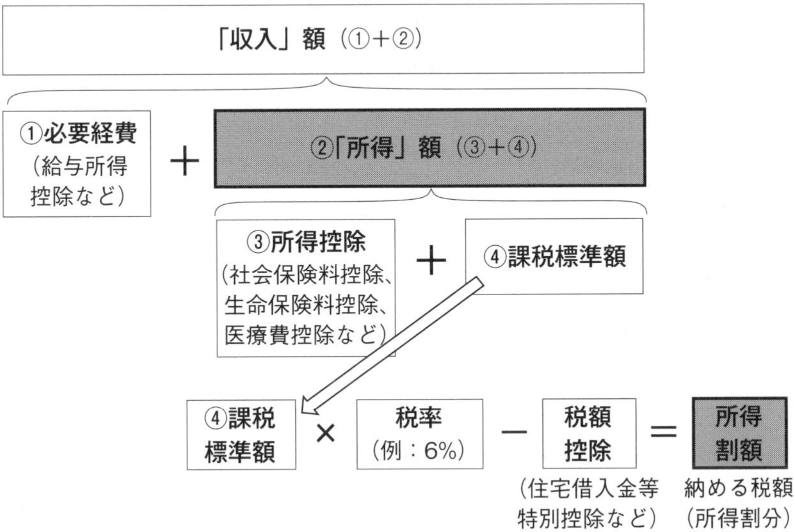

▶▶ 手当や助成の所得制限で判定に用いる額の計算

　所得や市町村民税額は、**図表47**で計算する金額のとおりですが、実際に手当・助成の所得制限で判定に用いられる金額はこのままの額ではなく、別に定められたルールに基づいて調整された額を用います。

　調整後の額を、扶養親族などの人数別に定めた所得制限額に照らして、要件の適否を判断することになります。

（1）「所得」で要件の適否を判定する場合

　手当事務は基本的に所得の額に基づいて判断します。この際個人的事情を考慮するため、税の所得控除を踏まえ、所得から以下を差し引いた額を用います。例えば、児童手当では、申請者の扶養親族などが2人の場合、給与「収入」で960万円が限度額の目安ですが、実際の判定には、ここまで計算した「調整後の所得」が736万円未満かどうかを見ます。

①給与所得か公的年金等に係る所得を有する場合……10万円
②一律控除……8万円
③所得控除のうち、この手当制度で控除できると定められているもの
　（障害者控除27万円、特別障害者控除40万円、ひとり親控除35万円、医療費控除額　など）

　①は、2020年度税制改正により、給与所得控除（必要経費）が10万円減額になったため、従前と同じ所得にもかかわらず税制改正による理由のみで手当の受給要件から外れることがないよう是正するための措置です。
　②は、社会保険料控除を一律8万円として控除します。

（2）「所得割額」で要件の適否を判定する場合

　福祉医療費助成は、基本的に市町村民税所得割の額に基づいて判断します。この判断においては、市町村民税所得割から住宅借入金等特別控除（所得税の住宅ローン控除で所得税から引ききれなかった分を地方税から控除するもの）、寄付金税額控除、ふるさと納税に係るワンストップ特例控除が適用される前の額を用います。これは、政策的な控除が反映する前の額に基づいて、費用負担を担う資力を判断するためです。
　なお、総合課税分に係る所得割の税率は、従前、市町村が6％、都道府県が4％でしたが、2018年度から指定都市に限り8％、都道府県2％となっています。これにより、従前と同一の所得の人も、指定都市の市民税所得割額は増額していることになります。それが福祉サービスの利用料や助成の可否に反映されないよう、従前の6％に直して計算することに注意が必要です。税の制度はたびたび改正されます。それに伴い、所得確認の作業にも変化があり得ることに留意して、事務を進めましょう。

▶▶ 所得や税の対象年度に気を付ける

　手当・助成の事務においては、確認すべき所得や市町村民税額の年（年度）にも留意が必要です。

　例えば、「令和5年度」の市町村民税額は、基本的には本人の令和5年1月1日時点の住所地で、令和4年分（令和4年1～12月）の所得をもとに課税されます。このとき、令和5年1～3月に行う本人の確定申告などを経て、所得や税額が決定して本人に通知されるのは、基本的に令和5年の5月頃になります。したがって、その頃までは、令和4年分の所得も、令和5年度の市町村民税額も自治体としては確定していません。

　そこで、児童手当は5月、特別児童扶養手当・障害児福祉手当は7月、児童扶養手当は10月までは、前々年分の所得（「前年度所得・課税証明書」に記載の所得額）に基づいて所得制限の判定を行い、それぞれ翌月以降は、前年分の所得（「当年度所得・課税証明書」に記載の所得額）に基づいて判定しています。

▶▶ 公的医療保険

　日本の公的医療保険にはいくつかの特徴があります。

　大きな点を2点挙げると、1つは**国民皆保険制度**が導入されており、基本的にすべての人が公的医療保険に加入し、全員が保険料を支払うことで、医療機関にかからなければならないときの互いの負担を軽減している点です。

　もう一つは、**フリーアクセス**といい、医療機関・医師を自由に選べる制度になっている点です。

　医療機関を受診した人（被保険者）は、医療費のうち、定められた割合の自己負担額のみを医療機関の窓口で支払えばよく、その割合（自己負担額）は、年齢や所得で分けられています（**図表48**）。

　自己負担額以外の額は、健康保険組合などの保険者から、審査支払機関を通じて、診療報酬として医療機関に支払われます。

図表 48　医療費の一部負担（自己負担）割合

	一般所得者など	一定以上所得者	現役並み所得者
75歳 70歳	1割負担	2割負担	3割負担
	2割負担		
6歳 （義務教育就学後）	3割負担		
	2割負担		

　また、公的医療保険制度には、大きく**被用者保険、国民健康保険、後期高齢者医療制度**の３種類があります。

　また、国民健康保険には、市町村が保険者となる「狭義の国民健康保険」と、医師や歯科医師、薬剤師、建設関係その他同業種で組織する「国民健康保険組合」があります。被用者保険は、勤め先などによって主に「協会けんぽ」と「組合健保」、「共済組合」に分けられます（**図表 49**）。

図表 49　公的医療保険の種類

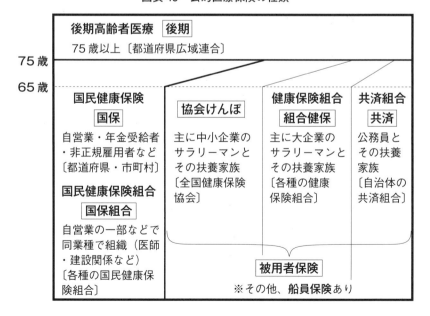

なお、医療費の自己負担が過重なものとならないよう、医療機関の窓口で医療費の自己負担を支払った後、月ごとに自己負担額を合算し、あらかじめ定められた自己負担限度額を超える部分は、事後に保険者から償還払いされる**高額療養費制度**もあります。

▶▶ 公的年金

　公的年金は、今、働いている世代（現役世代）が支払った保険料を高齢者などの年金給付に充てる「世代と世代の支え合い」という賦課方式を基本として運営されています。なお、保険料収入以外に、年金積立金や税金も年金給付に充てられています。

　年金は、① 20 歳以上 60 歳未満のすべての人が共通して加入する**国民年金（基礎年金）**と、②会社員や公務員などが①に加えて加入する**厚生年金**による「２階建て」構造になっています。

　年金の給付には「**老齢**」「**障害**」「**遺族**」の３種類があり、それぞれ、加入実績に応じて「基礎年金」と「厚生年金」が給付されます。

　老後には、すべての人が「老齢基礎年金」と、厚生年金に加入していた人は、それに加えて「老齢厚生年金」を受け取ることができます。

　また、障がいを負ったときの障害年金や、家族が亡くなったときに遺族に支給される遺族年金があります。

図表 50　公的年金の給付の種類

	基礎年金	厚生年金
老齢	**老齢基礎年金** 保険料を納めた期間などに応じた額	**老齢厚生年金** 保険料を納付した期間や賃金に応じた額
障害	**障害基礎年金** 障害等級（１級・２級）に応じた額（子がいる場合には加算あり）	**障害厚生年金** 賃金や加入期間、障害等級（１級・２級・３級）に応じた額
遺族	**遺族基礎年金** 老齢基礎年金の満額に子の数に応じて加算した額	**遺族厚生年金** 亡くなった方の老齢厚生年金の3/4の額

◎…ひとり親家庭支援の意義と読んでおくべき法規

▶▶▶ ひとり親家庭の概況と支援の意義

母子家庭や父子家庭では、子育てと生計の担い手という二重の役割を一人で担うこととなったときから生活は大きく変化し、住居、収入、子どもの養育などの面でさまざまな困難に直面することになります。

母子家庭の母の場合、就業経験の少なさや、結婚、出産などによる就業の中断に加え、就職または再就職には困難が伴い、就業しても低賃金や不安定な雇用条件などに直面することが多いとされています。

さらに、離別後の子どもの養育においては、その養育に対する責務は両親にあり、離婚により変わるものではありませんが、子どもの権利であるはずのその養育費の確保は進んでいない状況です。離婚による母子家庭のうち約7割の家庭は養育費が支払われていません。また、離婚母子家庭の81.8%が就業しているにもかかわらず、その平均年間就労収入は200万円と低い水準にとどまっているのが現状です（厚生労働省「平成28年度全国ひとり親世帯等調査結果報告」）。

こうしたことから、特に母子家庭施策については、子育てをしながら収入面・雇用条件などでよりよい就業をして、経済的な自立につなげることが、母本人にとっても、子どもの成長にとっても重要です。

一方、父子家庭の父についても、家事など生活面で困難を抱えることが多く、子育てや家事の支援の重要性が非常に高いとされています。

さらに母子・父子を問わず親との離別・死別は、子どもの生活を大きく変化させるものであり、子どもの精神面に与える影響や、親子の健康状態の変化、進学の悩みなどの問題に十分配慮しながら、複合した課題の解決に向け、総合的な支援を進める必要があります。

▶▶▶ 母子及び父子並びに寡婦福祉法

　母子及び父子並びに寡婦福祉法（母子父子寡婦福祉法）は、母子家庭などの福祉に関する基本理念や国・自治体・関係機関の責務の他、その生活の安定と向上のために必要な措置が定められた法律です。

（基本理念）
第2条　全て母子家庭等には、児童が、その置かれている環境にかかわらず、心身ともに健やかに育成されるために必要な諸条件と、その母子家庭の母及び父子家庭の父の健康で文化的な生活とが保障されるものとする。
2　寡婦には、母子家庭の母及び父子家庭の父に準じて健康で文化的な生活が保障されるものとする。

　この法律の第11条に基づき、国は**母子家庭等及び寡婦の生活の安定と向上のための措置に関する基本的な方針**を定めています。

　また、この方針に即して、都道府県、市・特別区及び福祉事務所を設置する町村は**自立促進計画**（第12条）を策定し、自治体で実施するひとり親家庭施策の基本的な方向性や基本目標などをまとめています。

　なお、この法律に基づく用語の定義は**図表51**のとおりです。「児童」が18歳でなく、20歳未満となっている点に留意が必要です。

図表51　ひとり親家庭などにおける用語の定義

配偶者のない女子	配偶者（p.163）と死別した女子で現に婚姻（p.163）をしていないもの、及びこれに準ずる次に掲げる女子
「配偶者のない男子」は、右記の「女子」を「男子」に読み替えたもの	①離婚した女子で現に婚姻をしていないもの ②配偶者の生死が明らかでない女子 ③配偶者から遺棄されている女子 ④配偶者が海外にあるためその扶養を受けることができない女子 ⑤配偶者が精神又は身体の障害により長期にわたって労働能力を失っている女子 ⑥上記に掲げる者に準ずる女子であって政令で定めるもの
児　童	20歳に満たない者
寡　婦	配偶者のない女子で、かつて配偶者のない女子として民法に定める扶養義務者（p.162）として児童を扶養していたことのあるもの

（母子及び父子並びに寡婦福祉法第6条各項を基に著者作成）

7|6 ◎…ひとり親家庭支援の取組み

▶▶ひとり親家庭などの自立支援策の体系

　母子・父子家庭及び寡婦への支援として、大きく①**子育て・生活支援**、②**就業支援**、③**養育費確保支援**、④**経済的支援**があります。自身の担当業務の他、適切な支援にもつなげられるよう確認しておきましょう。

図表52　ひとり親家庭などの自立支援策の4本柱

	取 り 組 み 例
①子育て・生活支援	・母子・父子自立支援員※による相談支援 ・母子生活支援施設
②就業支援	・母子家庭等就業・自立支援センター ・能力開発のための給付金の支給
③養育費確保支援	・母子家庭等就業・自立支援センターにおける養育費相談支援
④経済的支援	・児童扶養手当（p.164） ・母子父子寡婦福祉資金の貸付

※「母子・父子自立支援員」は、原則、福祉事務所に配置し、ひとり親家庭や寡婦に対し、生活一般の相談指導や母子父子寡婦福祉資金の相談・支援などを実施

▶▶母子生活支援施設

　母子生活支援施設は、生活に困窮する母子家庭に住む場所を提供し、自立の促進のためにその生活を支援する施設です（児童福祉法第38条）。

　近年では、入所理由が配偶者からの暴力であるいわゆるDV被害者が入所者の約半数を占めています。また、精神障がいや知的障がいのある母や、発達障がいなど障がいのある子どもの入所も増加傾向です。

▶▶ 母子家庭等就業・自立支援センター

　母子家庭等就業・自立支援センターは、都道府県・指定都市・中核市が設置し、ひとり親家庭の母や父の就業をより効果的に促進するため、就業相談や技能講習、就業情報の提供など、一貫した就業支援サービスを提供します。また、地域生活の支援や養育費の取決めなどの専門相談も実施します。

　他の市や福祉事務所を設置する町村でも、地域の実情に応じた範囲で同様の支援メニューを実施することとされています。

▶▶ 自立促進に向けた能力開発のための給付金支給

　ひとり親家庭の母や父の、就業・自立支援に向けた給付金には、母子父子寡婦福祉法第31条に基づく①自立支援教育訓練給付金（同条第1号）と、②高等職業訓練促進給付金（同条第2号）があります。

　自立支援教育訓練給付金は、教育訓練講座を受講し、修了した場合にかかった経費の一部を支給します。

　高等職業訓練促進給付金は、就職に向けた必要な資格取得を促進するため、それにつながる養成訓練の受講期間について給付金を支給します。

　その他、③高等学校卒業程度認定試験合格支援は、ひとり親家庭の学び直しを支援し、よりよい条件での就職や転職につなげるため、当該認定試験合格に向けた講座受講に要する費用の一部を支給するものです。

▶▶ 母子父子寡婦福祉資金の貸付

　母子父子寡婦福祉資金は、ひとり親家庭の母や父に対し、経済的自立と生活意欲の助長とともに、扶養する児童の福祉を増進することを目的に貸付します（母子父子寡婦福祉法第13条）。貸付金には次の12種類があります。事業開始資金、事業継続資金、修学資金、技能習得資金、修業資金、就職支度資金、医療介護資金、生活資金、住宅資金、転宅資金、就学支度資金、結婚資金です。

少子化社会対策と次世代育成支援対策

　少子化対策として、少子化社会対策大綱に沿った取組みの進捗管理や、次世代育成支援対策推進法に基づく行動計画の策定・管理など、少子化社会対策基本法と次世代育成支援対策推進法の関連業務に携わる職員もいます。これらの法規をまとめて確認しておきます。

少子化社会対策基本法

　少子化に対処する施策を総合的に推進し、国民が豊かで安心して暮らす社会の実現に寄与することを目的に 2003 年に成立しました。

　国民の意識の変化、生活様式の多様化などに留意しながら、家庭や子育てに夢をもち、次代の社会を担う子どもを安心して生み、育てることができる環境を整備することなど、少子化に対処する施策の基本理念が掲げられています。この法律に基づき、政府は施策の指針となる**少子化社会対策大綱**を定めています（直近では 2020 年）。

次世代育成支援対策推進法

　少子化社会対策基本法と同時期に成立したこの法律は、10 年間の時限立法であり、2014 年に一部改正され、有効期限は 2025 年まで 10 年間延長されています。

　自治体は、国が策定する行動計画策定指針に即し、①地域における子育て支援、②親子の健康の確保、③教育環境の整備、④子育て家庭に適した居住環境の確保、⑤仕事と家庭の両立などについて、目標や達成に向けた取組み内容などを記載した行動計画を策定します。

　また、地域や企業の子育て支援を促進するため、自治体や一定の規模以上の企業に対し、一般事業主行動計画の策定・届出などを義務づけています。

　なお、適切な行動計画を策定・実施し、その目標を達成するなど一定の要件を満たした企業は「子育てサポート企業」として厚生労働大臣の認定（くるみん認定）を受け、認定マーク（愛称：くるみん）を使用することができます。

第 8 章

社会課題の
しわ寄せを受ける
子どもへの支援

貧困の連鎖や児童虐待といった子どもと子育て家庭を取り巻く課題にふれながら、保護が必要な児童への対応や社会で養育・監護する取組みを見ていきます。円滑で適切な支援を進めるには、他分野の職員の理解や連携も重要です。ここで意義や業務の概要を押さえておきましょう。

8｜1 ◎…子ども・家庭を取り巻くさまざまな社会課題

▶▶ 個人の力だけでは抜け出し難い貧困の連鎖

妊娠から出産、その後の育児期にかけて、子どもを養育する上での課題を抱え、周囲や公的な支えが必要な家庭があります。家庭の抱える課題は、子どもの命や健康、発達に関わる問題です。

若い年代での妊娠（**若年妊娠**）や、多くの子どもの養育（**多子世帯**）、生活の困窮（**貧困**）などの状況が重なることで、その状況が深刻化する傾向にあります。児童福祉法では出産後の養育について、出産前から特に支援が必要とされる妊婦を**特定妊婦**と定義して支援を進めています。

児童虐待についても、とりわけ0歳児の死亡が問題となっており、心中を除く児童虐待による死亡事例のうち0歳児が65.3%を占め、そのうち5割が月齢0か月児であるという状況です（厚生労働省「子ども虐待による死亡事例等の検証結果等について（第18次報告）」令和4年9月）。

予期しない妊娠などで行政や親族の支援がないまま出産し、遺棄に至る事例もあります。

また、貧困は個人の力だけで抜け出し難く、その根深い問題は**貧困の連鎖**といわれ、対策が進められています。**図表53**は、貧困の連鎖を簡略化した図ですが、①「不安定な出産前後」の環境にいた子どもが、②「不安定な養育環境」で育ち、③「不安定な家庭と就労、貧困・DV（ドメスティック・バイオレンス）・児童虐待」の状況にある家庭においておとなとして生活する状態が継続すれば、再び①「不安定な出産前後」の状態に陥り、貧困の輪から抜け出せない状況を示しています。

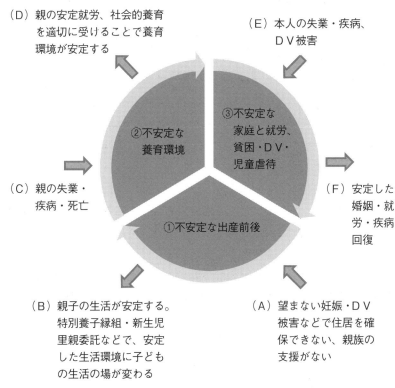

図表53　貧困の連鎖

（D）親の安定就労、社会的養育を適切に受けることで養育環境が安定する

（E）本人の失業・疾病、ＤＶ被害

②不安定な養育環境

③不安定な家庭と就労、貧困・ＤＶ・児童虐待

（C）親の失業・疾病・死亡

①不安定な出産前後

（F）安定した婚姻・就労・疾病回復

（B）親子の生活が安定する。特別養子縁組・新生児里親委託などで、安定した生活環境に子どもの生活の場が変わる

（A）望まない妊娠・ＤＶ被害などで住居を確保できない、親族の支援がない

（社会福祉法人全国社会福祉協議会「社会福祉学習双書2022 児童・家庭福祉」）

　子どもの養育環境における問題は、保護者の養育する能力の欠如だけに注目が集まりがちですが、どのような子どもと、どういった環境で暮らしているのかという全体像を捉える姿勢も大切です。

　保護が必要な子どもを養育する施設である児童養護施設の子どもの36.7％は、なんらかの障がいがある子どもであったというデータもあります（厚生労働省「児童養護施設入所児童等調査」（2018年2月1日現在））。

　このように子どもの障がいや行動上の問題、また、学校生活や親族との社会関係がうまくいっていないことなどが問題の深刻化につながっていることも珍しくありません。養護相談を進めていくなかでは、子どもと保護者を取り巻く環境を含めて支援を検討していくことも重要です。

▶▶▶ 子どもの貧困

　貧困には、今日食べるものがない状況や、住む場所を確保できないといったまわりの人との比較ではない「絶対的貧困」と、社会の格差のなかで困窮した状況にある「相対的貧困」があります。

　相対的貧困にある人とは、等価可処分所得（いわゆる「手取り額」を基に、世帯の人数を考慮して計算した額）が、全体の中央値（所得の高い人から低い人まで並べたときの、真ん中の人の所得）の半分に満たない状況の人を指します。そうした状況にある子ども（**子供の貧困率**）は2018年に13.5％で、7.5人に1人の状況となっています（2019年「国民生活基礎調査」）。急を要する絶対的貧困の状態にある人の生活を保障する取組みを行うことは大前提として、貧困対策では、相対的貧困にも焦点をあてて取組むべき課題とされています。

　貧困は、**①所得や資産などの経済面、②健康面や教育面など、人としての基盤づくりに関する側面、③つながりなど関係性の側面**の3つに分けて捉えられます。一般に、①の経済的な格差が②や③の格差を生み、相乗的に問題を深いものにします。経済的な問題は、栄養面や十分な医療を受けられないなどの健康問題を引き起こし、困窮した状況においては、一般に精神的な余裕もなく、子どもへの関わりにおいても冷静で適切な対応をとることが難しくなるなど、養育面にも影響が生じ得ます。

　養育するおとなからの不適切な関わりが続き、幼い時期に慢性的に辛い精神状態にあった子どもは、小さな挫折を圧倒的な敗北のように感じたり、人間関係において自分が少し軽く扱われたように感じただけで、相手と深刻な対立を生んでしまったりするなど、失望や怒りを抑えることが難しくなる傾向も指摘されています。これは、逆にいえば、子どものもつれた感情に対し、養育するおとなが注意深く反応できれば、子どもは不快な感情を自分でうまく対処できるようになるということも示しています（ポール・タフ、高山真由美訳『私たちは子どもに何ができるのか　非認知能力を育み、格差に挑む』英治出版、2017）。

　このように、経済的な格差が子どもの養育環境の根っこの部分から、この問題を深刻にしている状況を見てとることができます。

▶▶▶ ヤングケアラー

　ヤングケアラーとは、家族にケアを必要とする人がいる場合に、おとなが担うようなケアの責任を引き受け、家事や家族の世話、介護、感情面のサポートなどを行っている18歳未満の子どもをいいます。

　子どもが家事や家族の世話をすることは、ごく普通のことと思う人もいるかもしれませんが、ここで課題とされているのは、年齢などに見合わない重い責任や負担を負っていることです。

　勉強に励む時間や部活に打ち込む時間、将来に思いを巡らせる時間、友人との他愛ない時間など、子ども時代のかけがえのない時間を削り、家事や家族の世話をしている子どもたちがいます。子どもが子どもでいられる地域社会を目指して、ヤングケアラーにまわりの人が気付き、その子どもやその家庭に支援が届く社会づくりが進められています。

図表 54　ヤングケアラーの 10 種の例

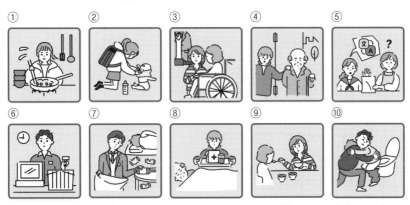

①障がいや病気のある家族に代わり、買い物・料理・掃除・洗濯などの家事をしている
②家族に代わり、幼いきょうだいの世話をしている
③障がいや病気のあるきょうだいの世話や見守りをしている
④目を離せない家族の見守りや声かけなどの気づかいをしている
⑤日本語が第一言語でない家族や障がいのある家族のために通訳をしている
⑥家計を支えるために労働をして、障がいや病気のある家族を助けている
⑦アルコール・薬物・ギャンブル問題を抱える家族に対応している
⑧がん・難病・精神疾患など慢性的な病気の家族の看病をしている
⑨障がいや病気のある家族の身の回りの世話をしている
⑩障がいや病気のある家族の入浴やトイレの介助をしている

（厚生労働省ホームページ「ヤングケアラーとは」）

▶▶▶ ドメスティック・バイオレンス（DV）

　ドメスティック・バイオレンス（DV）とは、一般的に配偶者や恋人など親密な関係にある、または親密な関係にあった者からふるわれる暴力です。親密な間柄における暴力という関係性の側面に加え、家庭における弱者への暴力という人権課題としての側面が、この問題の特徴です。

　困窮する女性のための支援に取り組む NPO 法人の代表正井禮子氏が、夫の暴力から逃げてきた女性から「私たちは暴力か貧困しか選べないのでしょうか」と言われたという例もあります。このことからもわかるように、DV の被害者は、恐怖や無力感も含めて複雑な心理状態の中で悩み、収入や子どもの養育上、逃げることを選択できない状況に追いつめられている実態があります。

　子どもが保護者間の DV を目撃すること（面前 DV）も児童虐待（心理的虐待）であり、一層の対策が求められています。

▶▶▶ 児童虐待

　児童に対する虐待は、社会全体で取り組むべき重要な課題です。

　全国の児童相談所における児童虐待に関する相談対応件数は、公表をはじめた 1990 年度 1,101 件から現在まで増加し続けており、10 年後の 2000 年度は 17,725 件、2015 年度には 103,286 件と 10 万件を超えました。そして、2021 年度中に全国 225 か所の児童相談所が児童虐待相談として対応した件数は 207,659 件（速報値）で、過去最多を更新しています（厚生労働省「令和 3 年度 児童相談所での児童虐待相談対応件数（速報値）」）。これには、住民の問題意識が広がり通報件数が増えたことや対応する体制の構築が進んだこと、最寄りの児童相談所につながる電話番号 189（イチハヤク）の導入により住民が通告しやすい仕組みがつくられたことなどの影響も含まれています。

　児童虐待については都道府県や指定都市などに設置されている児童相談所が中心となり、市区町村の子ども家庭総合支援拠点と連携しながら、①発生予防、②発生時の迅速・的確な対応、③虐待を受けた子どもの自

立支援などに取り組んでいます。

　児童虐待の対応は、子どもの命や健康に直接関係する業務であり、時に保護者との対立や、関係する機関の間での葛藤なども生じます。

　子どもを守るための対応を躊躇してはなりませんが、児童虐待の内容は多様であり、親子を取り巻く環境や、親子・兄弟・親族の関係性、親の成育歴や疾病、その子を養育する上での困難さなど、状況の複雑性や対処の困難性を理解し、子どもとその家庭全体の幸福を目標として、冷静さや粘り強さをもって対応する視点が重要です。

　さらに、児童虐待に対して社会全体で取り組むにあたっては、「私も同じような困難な境遇に追い込まれたならば同様の状況に陥ってしまうかもしれない一人」として、また、そうした親子が私の住む地域にいるかもしれないことも含め、住民一人ひとりが他人事ではなく、この問題の当事者であるという社会理解を広げていくことも重要な視点といえます。

図表55　児童虐待の定義

保護者（親権を行う者、未成年後見人その他の者で、児童を現に監護するもの）がその監護する児童（18歳に満たない者）について行う次に掲げる行為	
身体的虐待	児童の身体に外傷が生じ、又は生じるおそれのある暴行を加えること。
	殴る、蹴る、叩く、投げ落とす、激しく揺さぶる、やけどを負わせる、溺れさせる、首を絞める、縄などにより一室に拘束する　など
性的虐待	児童にわいせつな行為をすること又は児童をしてわいせつな行為をさせること。
	子どもへの性的行為、性的行為を見せる、性器を触る又は触らせる、ポルノグラフィの被写体にする　など
ネグレクト	児童の心身の正常な発達を妨げるような著しい減食又は長時間の放置、保護者以外の同居人による身体的虐待・性的虐待・心理的虐待と同様の行為の放置その他の保護者としての監護を著しく怠ること。
	家に閉じ込める、食事を与えない、ひどく不潔にする、自動車の中に放置する、重い病気になっても病院に連れて行かない　など
心理的虐待	児童に対する著しい暴言又は著しく拒絶的な対応、児童が同居する家庭における配偶者に対する暴力その他の児童に著しい心理的外傷を与える言動を行うこと。
	言葉による脅し、無視、きょうだい間での差別的扱い、子どもの目の前で家族に対して暴力をふるう（ドメスティック・バイオレンス：DV）、きょうだいに虐待行為を行う　など

（児童虐待防止法第2条及び厚生労働省ホームページ「児童虐待の定義と現状」より）

8|2 ◎…読んでおくべき 関係法規

▶▶ 児童福祉法

　児童福祉法は、児童の福祉に関する総合的な法規であり、取組みの土台となる理念の他、児童福祉の具体的な事業が網羅されています。

　また、児童相談所の設置やその業務、社会的養護に関わる施設をはじめとした児童福祉施設もこの法律で規定されています。

　2016年の改正では、児童虐待の発生予防から自立支援までの一連の対策についてさらなる強化が図られた他、法の理念の明確化、母子健康包括支援センター（子育て世代包括支援センター）の全国展開、市町村及び児童相談所の体制の強化、里親委託の推進なども規定されました。

　さらに、2022年の改正により、一時保護所の基準策定や、措置などの決定の際に子どもの意見表明を支援することなど、子どもの権利擁護に向けた取組みも進められています。

▶▶ 児童虐待防止法

　児童虐待は、子どもの人権を著しく侵害し、その心身の成長や人格形成に重大な影響を与え、将来世代の育成にも懸念を及ぼす問題です。

　2000年に制定された「児童虐待の防止等に関する法律（**児童虐待防止法**）」は、子どもの権利利益の擁護に向け、虐待の禁止や予防・早期発見といった虐待の防止の取組みに関する国・自治体の責務、虐待を受けた子どもの保護、自立支援の措置などを定めた法律です。

　この法律では、児童虐待を受けたと思われる子どもを発見した場合、市町村などに「通告」する義務についても規定されています（第6条）。

▶▶ 配偶者暴力防止法

2001 年に制定された（2013 年に名称変更）「配偶者からの暴力の防止及び被害者の保護等に関する法律（**配偶者暴力防止法**）」は、配偶者からの暴力に関する通報や相談、保護、自立支援などの体制を整備することで、配偶者からの暴力の防止及び被害者の保護を図ることを目的としています。ここで「配偶者からの暴力」とは、配偶者からの身体に対する暴力またはこれに準ずる心身に有害な影響を及ぼす言動であり（第1条）、「配偶者」は、事実上婚姻関係と同様の事情にある者を含み、離婚や事実婚の解消後も暴力が続く場合についても、これに含みます。

また、婚姻関係における共同生活に類するような行動生活を営み、生活の本拠を共にする交際相手からの暴力も対象とされています。

この法律で相談機関として規定されているのが**配偶者暴力相談支援センター**です。都道府県が設置する婦人相談所などの施設が、このセンターの役割を果たしています。また、この法律では、暴力をふるう配偶者が被害者や子の身辺につきまとったり、住居・勤務先付近を徘徊したりすることを禁止する「保護命令」なども定められています。

▶▶ 子どもの貧困対策推進法

2013 年に制定の「子どもの貧困対策の推進に関する法律（**子どもの貧困対策推進法**）」は、子どもの将来がその生まれ育った環境に左右されることのないよう、貧困の状況にある子どもが健やかに育成される環境を整備するとともに、教育の機会均等を図るため、子どもの貧困対策を総合的に推進することを目的としています。

この法律では、政府に大綱の策定を義務付けており、その**子供の貧困対策に関する大綱**を勘案し、都道府県で**子供の貧困対策計画**を策定することが努力義務化されています。

この大綱には、当該対策に関する基本的な方針や、指標及びその指標の改善に向けた施策などとして、①教育施策、②生活支援、③保護者への就労支援、④経済的支援、⑤調査研究について記載されています。

3 ◎…子どもを社会で養護・支援する取組み

▶▶▶ 社会的養護の意義と概要

保護者のない児童や、保護者に監護させることが適当でない児童と

図表 56　社会的養護の原理

①家庭養育と個別化	・すべての子どもは、適切な養育環境で、安心して自分をゆだねられる養育者によって養育されるべき ・「あたりまえの生活」を保障していくことが重要
②発達の保障と自立支援	・未来の人生をつくり出す基礎となるよう、子ども期の健全な心身の発達の保障を目指す ・愛着関係や基本的な信頼関係の形成が重要。自立した社会生活に必要な基礎的な力を形成していく
③回復をめざした支援	・虐待や分離体験などによる悪影響からの癒しや回復をめざした専門的ケアや心理的ケアが必要 ・安心感をもてる場所で、大切にされる体験を積み重ね、信頼関係や自己肯定感（自尊心）を取り戻す
④家族との連携・協働	・親と共に、親を支えながら、あるいは親に代わって、子どもの発達や養育を保障していく取組み
⑤継続的支援と連携アプローチ	・アフターケアまでの継続した支援と、できる限り特定の養育者による一貫性のある養育 ・様々な社会的養護の担い手の連携により、トータルなプロセスを確保する
⑥ライフサイクルを見通した支援	・入所や委託を終えた後も長く関わりをもち続ける ・虐待や貧困の世代間連鎖を断ち切っていけるような支援 ・社会的養護の基盤づくりとして、児童が心身ともに健やかに養育されるよう、より家庭に近い環境での養育の推進を図ることが必要

（厚生労働省「社会的養護の推進に向けて」より一部改変）

いったいわゆる要保護児童を、公的責任のもとで社会的に養護（養育し、保護すること）するとともに、養育に大きな困難を抱える家庭への支援を行うことを**社会的養護**といいます。

　社会的養護は、子どもの最善の利益のために社会全体で子どもを育むことを基本理念とし、6項目の原理に基づき取り組まれます（**図表56**）。

　社会的養護の担い手としては、**図表57**に表す社会資源をはじめ、体系上、治療型施設に区分される**児童心理治療施設**と**児童自立支援施設**（第8章コラムを参照）の他、DVからの緊急的な一時保護も行っている**母子生活支援施設**（p.176）、自立支援を行う**自立援助ホーム**（p.193）などもあります。

　この図表のように、家庭での養育が困難、又は適当でない場合は、親子分離を行いますが、養育者の家庭に子どもを迎え入れる里親やファミリーホーム（家庭養護）を優先し、児童養護施設などについても、小規模で地域分散化された形態（家庭的養護）が推進されています。これは、できる限り家庭的な環境で、安定した人間関係の下で育むことができるよう意図されてのものです。

図表57　家庭と同様の環境における養育の推進

良好な家庭的環境		家庭と同様の養育環境		家庭
施　設	施設（小規模型）	養子縁組（特別養子縁組を含む）		実親による養育
		小規模住居型児童養育事業	里親	
児童養護施設 大舎（20人以上） 中舎（13〜19人） 小舎（12人以下） 1歳〜18歳未満 （必要な場合 0歳〜20歳未満）	**地域小規模児童養護施設（グループホーム）** 本体施設の支援の下で地域の民間住宅などを活用して家庭的養護を行う 1グループ4〜6人	**小規模住居型児童養育事業（ファミリーホーム）** 養育者の住居で養育を行う家庭養護 定員5〜6人	**里　親** 家庭における養育を里親に委託する家庭養護 児童4人まで	
乳児院 乳児（0歳） 必要な場合幼児 （小学校就学前）	**小規模グループケア（分園型）** 地域において、小規模なグループで家庭的養護を行う 1グループ4〜6人			

（厚生労働省子ども家庭局家庭福祉課「社会的養育の推進に向けて」より一部改変）

▶▶▶ 社会的養育推進計画の策定

　社会的養護関係施設の設置認可や、**社会的養育推進計画**の策定やそれ
に基づく取組みの推進などは、広域的・専門的な対応の必要性から、主
に都道府県、指定都市及び児童相談所設置市が担っています（市町村と
の連携は p.194）。

　各自治体では、国の**新しい社会的養育ビジョン**に基づき、社会的養育
推進計画において以下の項目などを盛り込み、取組みを進めています。
また、国から計画策定に関する方針が示されたことにより、資源の計画
的な整備や指標設定による PDCA サイクルの運用など、計画の改善が
あらためて推進されています。

　また、親子分離を伴わない事例などを中心に、市町村や福祉事務所が、

【都道府県社会的養育推進計画の策定要領〈概要〉（2018 年）】

①「家庭養育優先原則」を徹底し、子どもの最善の利益の実現に向けて、
　社会的養育の体制整備の基本的考え方と全体像を策定

②措置された子どもや一時保護された子どもの権利擁護の観点から、当事
　者である子どもからの意見聴取や意見を酌み取る方策、子どもの権利を
　代弁する方策（**アドボカシー**）

③市区町村の相談支援体制等の整備に向けた支援や、児童家庭支援センター
　の機能強化および設置促進に向けた取組

④各年度における代替養育を必要とする子ども数の見込み

⑤里親養育包括支援（**フォスタリング**）業務の包括的な実施体制や里親・ファ
　ミリーホームへの委託子ども数の見込み

⑥永続的解決（**パーマネンシー保障**）としての特別養子縁組等の推進のた
　めの支援体制の構築に向けた取組

⑦施設の小規模かつ地域分散化、高機能化及び多機能化・機能転換に向け
　た取組

⑧「一時保護ガイドライン」を踏まえた一時保護改革に向けた計画

⑨社会的養護の子どもの自立支援策の強化のための取組について、実施に
　向けた計画

⑩児童相談所の強化等に向けた取組　など

（厚生労働省ホームページ「都道府県社会的養育推進計画の策定要領〈概要〉資料
1-1」より一部改変）

要保護児童対策地域協議会を活用したネットワーク型の支援（p.194）を行っています。

▶▶ 児童養護施設

児童養護施設は、保護者のない子どもや、社会的に養護が必要な子どもに対し、安定した生活環境を整えるとともに、生活や学習の指導、家庭環境の調整などを行いながら養育を進め、子どもの心身の健やかな成長とその自立を支援する施設です（児童福祉法第41条）。子育て短期支援（p.95）も実施するなど、地域の子育て家庭も支援しています。

保護者のもとに家庭復帰などせず、社会に自立する時期まで施設での養育が継続される見通しである児童が、入所児童の約6割という状況です（厚生労働省「児童養護施設入所児童等調査（2018年2月1日現在）」）。子どもの主体的な活動を大切にしながら、自立した社会生活に必要な、基礎的な力を培う支援が進められています。

社会的養護が必要な子どもを、できる限り家庭的な環境で、安定した人間関係の下で育むことができるよう、施設のケア単位の小規模化（**小規模グループケア**）や、**グループホーム**化などを推進しています。

▶▶ 乳児院

乳児院は、保護者の養育を受けられない主に乳児（0歳児）を養育する施設です（児童福祉法第37条）。保健上特に必要な場合は、対象に幼児を含むとされ、多くは3歳までの乳幼児を主に受け入れています。

児童相談所に設置している一時保護所で乳児への対応ができない場合などは、乳児院が、乳児に対する実質的な一時保護機能も担っている場合があります。

乳児院でも児童養護施設と同様に、地域の育児相談や子育て短期支援（p.95）など、地域の子育て支援機能を担っています。

▶▶▶ ファミリーホーム

　ファミリーホームは、児童福祉法第6条の3第8項の**小規模住居型児童養育事業**をいい、都道府県の認可を受け、要保護児童の養育に関し相当の経験を有する者の住居において、社会的な養護が必要な子どもの養育を行います。

　ファミリーホームは、養育者の生活の場に子どもを迎え入れる形態であり、児童養護施設が小規模化したものではなく、里親家庭が大きくなった取組みと捉えられます。ファミリーホームの養育者は、子どもにとって職員としての存在ではなく、共に生活する存在であることが重要であり、いわゆる住み込みのような形態でなく、生活基盤をファミリーホームにもち、子どもたちと起居を共にすることを基本としています。

　なお、この小規模住居型児童養育事業は、社会福祉法に基づく第2種社会福祉事業に位置付けられています。

▶▶▶ 里親とその支援

　里親は、児童福祉法第6条の4の規定に基づき、要保護児童を養育することを希望する者で、都道府県知事が児童を委託する者として適当と認めるものをいいます。

　里親には、次の4類型があります。

①要保護児童を自らの住居において養育する**養育里親**

②養育里親の類型として、児童虐待などで心身に有害な影響を受けた子どもや非行問題のある子ども、障がいのある子どもなど一定の専門的ケアを必要とする子どもの養育を行う**専門里親**

③保護者のない子どもや、実親が親権を放棄する意思が明確な場合など、養子縁組を前提とした**養子縁組里親**

④子どもの3親等以内の親族が受託する**親族里親**

　里親制度の具体的な対応の例として、予期しない妊娠による出産で、妊娠した本人の意向で、養育できないことが明確な場合には、妊娠中から相談に応じ、特別養子縁組を前提とした新生児の里親委託が考えられ

ます。

　また、児童養護施設に入所している子どもに対し、週末や夏休みに養育里親への委託を行う「週末里親」「季節里親」という形態もあります。

　ところで、家庭養育優先の方針に基づき、施設入所よりも里親への委託が全国的に進められるなか、質の高い里親養育を実現するための里親支援に取り組むことが喫緊の課題となっています。また、児童虐待に関する相談対応件数が増えるなど児童相談所の業務負担が増大するなか、民間と協働して支援強化を進める方向で取組みが進められています。

　そうした流れに沿って、都道府県などが行う里親支援に関する業務に相当するものを**フォスタリング業務**と位置付け、里親の普及啓発、里親への研修、里親委託のマッチングなどを支援するフォスタリング機関（**里親支援センター**）の設置などが進められています。

▶▶▶ 自立への支援・援助

　児童養護施設や里親などの社会的養護を経験し、その措置が解除された人など（ケアリーバー）の自立の支援について、児童福祉法に**児童自立生活援助事業**が規定されています（第6条の3第1項）。

　その担い手の1つが児童福祉法に定める**自立援助ホーム**です（第33条の6）。これは、児童養護施設などを退所し、義務教育終了後で満20歳未満である子どもや、大学などに在学中で満22歳になる年度の末日までにある人（満20歳に達する日の前日に自立援助ホームに入居していた者に限る）を対象に、共同生活を営む住居（自立援助ホーム）において、日常生活上の援助や生活指導、就業の支援などを行います。

　自立支援については、他にも、措置解除者に対して生活相談や就労相談などの自立支援を行う事業所（**社会的養護自立支援拠点**）の整備も推進されています。

　さらには、児童養護施設などから措置解除をした際、親子の生活の再開につなげられるよう、カウンセリングや保護者支援のプログラムを行う**親子再統合支援**の取組みも進められています。

8|4 ◎…関係機関が連携・協働して養護や支援を進める

▶▶ 子ども家庭総合支援拠点

　子どもや子育て家庭の支援は、リスクの程度や対応する内容に応じて各機関が役割を分担しながら、連携・協働して進められています。

　市区町村の**子ども家庭総合支援拠点**は、子ども・子育て全般に関する情報の提供、相談対応から、専門的な支援、関係機関との連絡調整まで、子どもと家庭の福祉に関する業務を総合的に担う機関です（p.82 も参照）。

　市区町村では、主に児童福祉を所管する部署（の一部）を当該支援拠点と位置付けています。併せて、この支援拠点が「要保護児童対策地域協議会」の**要保護児童対策調整機関**を担っています。

　なお、2022 年の改正児童福祉法に伴い、母子保健の拠点である母子健康包括支援センター（通称、子育て世代包括支援センター）とともに見直され、両拠点の機能・役割などを併せもつこども**家庭センター**の設置が市区町村に努力義務化されました（2024 年 4 月施行）。

▶▶ 要保護児童対策地域協議会

　要保護児童や要支援児童、特定妊婦などに適切な保護や支援を行うため、関係機関の情報共有や支援などに関する協議を行う場が**要保護児童対策地域協議会**です（児童福祉法第 25 条の 2）。関係機関の代表が情報共有などを行う「代表者会議」と、個別の事例の定期的な状況共有や援助方針などを協議する「実務者会議」、事例ごとに開催する「個別ケース検討会議」の 3 層構造で運営されることが一般的であり、自治体はそのいずれかをこの協議会（いわゆる「要対協」）に位置付けています。

図表58　市区町村及び児童相談所の子ども・家庭支援体制（例）

こども家庭センター（2024年度〜）

子育て世代包括支援センター（母子保健）

要保護児童対策地域協議会

（低）

★一体的な支援体制を構築

子ども家庭総合支援拠点（児童福祉）
- 子ども家庭支援全般に係る業務
　（実情把握、情報提供、相談対応、総合調整）
- 要支援児童、要保護児童などへの支援業務
　（危機判断と対応、調査、アセスメント、支援計画作成支援・指導、児童相談所の措置委託を受けて行う指導）
- 関係機関との連絡調整
　（支援拠点が調整機関の主担当機関を担い、支援の一体性・連続性を確保し、児童相談所との円滑な連携・協働体制を推進）
- その他の必要な支援
　（一時保護や措置解除後の児童のフォローなど）

要保護児童対策調整機関
- 責任をもって対応すべき支援機関を選定
- 支援の進行状況確認などを管理・評価
- 関係機関の間の調整・協力
- 要請

市区町村

リスクの程度

都道府県

（高）

役割分担・連携して協働

地域の関係機関
- 児童福祉
- 保健医療
- 警察・司法
- 教育　など

児童相談所〔一時保護所〕
- 相談、養育環境などの調査、専門診断など
　（児童や家庭への援助方針の検討・決定）
- 一時保護、措置（里親委託、施設入所、在宅指導など）
- 市区町村援助（連絡調整、情報提供など）

（厚生労働省『子育て世代包括支援センター業務ガイドライン』より一部改変）

▶▶▶ 児童家庭支援センター

　児童家庭支援センターでは、専門的な知識や技術を必要とする子育て家庭からの相談に応じるとともに、児童相談所からの委託を受けた子どもやその家庭への指導・援助などを総合的に行います（児童福祉法第44条の2）。

　本センターは、児童養護施設などが地域の子どもやその家庭の支援を行う機能を果たすべく、これらの施設に附置される形態で設置が進められてきましたが、2008年から単独でセンターを設置することも可能とされています。なお、2011年からは里親やファミリーホームの支援を行うことも、その取組み内容に加えられています。

COLUMN・8

心理的困難や問題行動のあった児童の福祉

　児童福祉施設は本編で見てきた他に、①児童心理治療施設や、②児童自立支援施設があります。いずれも基本的に親から離れ、施設で生活して支援を受けます。施設内に小・中学校の分校や分級を設置するなど、入所児童の教育機会の保障にも取り組んでいます。

①児童心理治療施設

　心理的困難や苦しみを抱え日常生活の多岐にわたり生きづらさを感じる児童に、医療的な観点から生活支援を基盤とした心理治療を行う施設です（児童福祉法第43条の2）。何らかの障がいがある児童が多くを占め、発達障がいをはじめ、心的外傷後ストレス障がい（PTSD）や、人に対し過度に警戒する反応性愛着障がいの児童なども入所しています。8割近くの入所児童が虐待を受けた経験があり、問題の背景となっています。比較的短期間（平均在所期間2.2年）で、家庭復帰や里親、児童養護施設での養育につなぐ役割を担っています。

②児童自立支援施設

　児童自立支援施設は、不良行為をした児童やそれをなすおそれのある児童、家庭環境上の理由で支援が必要な児童などに対し、ケアや支援を行う施設です（児童福祉法第44条）。

　行動上の問題の背景に、虐待を受けた経験や発達障がいによる課題を抱えている場合も少なくありません。

　職員である実夫婦とその家族が小舎に住み込み、家庭的な生活のなかで入所児童に一貫性・継続性のある支援を行う伝統的な「小舎夫婦制」などの体制により、家庭的なケアを実践し、自尊感情の醸成から自立までの道を支援しています。少年法に基づく家庭裁判所の保護処分により入所する場合もある他、他の施設では対応が難しくなったケースの受け皿としての役割も担っています。

　これらの役割から、都道府県等に児童自立支援施設の設置義務が課せられており、大多数が公立施設となっています。

第 9 章

仕事を深める
次の手

最後のこの章では、子どもや子育て家庭にとってより必要な取組みの推進につなげるための、理解や心得を確認します。これまでの章で見てきた業務の基本に加え、もう一段仕事を深掘りするための仕事のスタンスを押さえていきましょう。

9|1

◎…当事者意識をもち支援全体を俯瞰する

▶▶ 「誰一人取り残さない」が社会を持続可能にする

　子ども・子育て支援が**誰一人取り残さず、抜け落ちることのない支援**であることは、とても重要です。これは、「こども基本法」や「こども家庭庁設置法」の制定に向けて、2021年に閣議決定した「こども政策の新たな推進体制に関する基本方針」に示されています。

> 　脆弱な立場に置かれたこどもや外国人のこどもなどを含めて、全てのこどもが、施策対象として取り残されることなく、かつ、当事者として持続可能な社会の実現に参画できるよう、支援する。
> 　こうした支援は、こども本人の福祉というだけにとどまらない我が国社会の持続可能性に資するものであるとの認識をもって、進めていく。

　子ども・子育て支援を実施する自治体では、さまざまな取組みで役割を分担しつつ、切れ目なく支援が届くよう努力を重ねています。しかし実際には、支援の受け手である一人ひとりの子どもや保護者の誰しもが、十分で安定した支援を実感できているわけではありません。

　支援における連携や役割分担の隙間が生じると、支援の網から漏れる人が出てしまいます。一人ひとりの子どもや子育て家庭が私たちの支援の取組みから漏れないよう、施策の立案や実施に携わる自治体職員の手綱さばきが非常に重要なのです。

▶▶ 子育て支援は1領域だけの理解ではわからない

具体的な施策間の役割分担や連携は、自治体によってさまざまで、それが支援のかたちにも影響します。

保育所や幼稚園の利用を担当していたとしましょう。例えば、親が安定した養育ができないため、入園はしたものの通園してこない子どもがいたとします。その子どもを園の職員が迎えに行って園で保育している状況に対し、「園がそこまでするのはおかしいだろう」と言う自治体職員がいるかもしれません。しかし、その意見が理にかなうのは、そうした親子へのフォローが、福祉事務所などで十分実施されている自治体での話ともいえます。このようなフォローの体制があるのか、あるとすればどのように連携するのか、事前に理解しておくことが必要です。結局、その子どもが小学校就学まで貴重な保育を受けられるかは、そうした支援の隙間を埋める現場の努力によるのです。

それぞれの部署が「それはそもそも私たちの仕事ではない」と言っていたら、支援に穴があいてしまいます。

私が初任のとき先輩から、1年目は自分自身の業務をマスターし、2年目は隣に座る職員の仕事もフォローできるよう、そして、3年目は係全体のことが見えるように仕事を進めていくようアドバイスを受けました。子ども・子育て支援の事務全般についても、はじめのうちは自身の携わる領域の理解を深め、次に関係する周辺領域にも知識や理解を広げ、俯瞰する目を養っていくことで、自分が担当する事務における課題やその解決策が見えてくることもあります。

加えて、子ども・子育て支援以外の分野の知識も身に着けておきましょう。自治体の基盤事務である住民基本台帳や戸籍をはじめ、公的医療保険、生活保護などの基本的な知識は、あったほうが担当する事務も進めやすくなります。

さらには、成人後の支援とのつながりや雇用政策などにも理解を深めていくと、住民の目線に立った制度設計や、住民が安心するような的確な窓口対応にもつながります。

9｜2 ◎…寄り添う心と経験に 縛られない謙虚さを もつ

▶▶ 子育て支援は子どもの発達保障に他ならない

　手当の支給など経済的支援も含め、子ども・子育て支援の事務に就いているということは、子どもにとって非常に重要な時期に携わっているという自覚と気概をもつことが大切です。

　子どもの時期の大切さについては、さまざまな視点から捉えることができます。まず、子どもの基本的人権を保障するために定められた児童の権利に関する条約（子どもの権利条約）には、①おとなと同様に子どもにも認めるべき一人の人間としての権利に加え、②子どもならではの権利も定められています。これは、子どもが特別な保護や配慮を必要とする大事な成長過程にある存在として認められているからです。

　また、子どもの時期は、生涯の人格形成の基礎を培うかけがえのない時期です。**人間は文化的・社会的環境のなかで、周囲からのさまざまな配慮があって初めて一人前の人間になる**のであって、そうした条件を欠いた場合にはその可能性の開花の機会を失ってしまうとも指摘されています（堀尾輝久『教育入門』岩波新書、1989）。

　また、子どもならではの育ちへの理解も大切です。子どもの発達には段階というものがあり、「子どもの発見」の書として著名なフランスの哲学者ルソーの『エミール』（（上）、ルソー、今野一雄訳、岩波文庫、1962）にも「自然は子どもがおとなになるまえに子どもであることを望んでいる。この順序をひっくりかえそうとすると、成熟してもいない、味わいもない、そしてすぐに腐ってしまう速成の果実を結ばせることになる。わたしたちは若い博士と老いこんだ子どもを与えられることになる」と書かれています。

さらには、日本国憲法第26条には「その能力に応じて、ひとしく教育を受ける権利」が謳われています。これは、身分的差別からの解放と平等の発想から、能力以外の一切の差別を拒んだ「教育の機会均等」を定めた条文です。

　この「能力に応じて」の理解についても、各人の知的・身体的能力の程度に質的・量的に比例した教育を用意することでも、すべての人に機械的に均一の教育を与えることでもなく、**各人のそのときの能力を最大限に伸長させる教育を提供することを意味する**のだと解釈されています（河野和清編著『新しい教育行政学』ミネルヴァ書房、2014）。

　教育の取組みも、子どもの健やかな発達の保障に向けた努力であることがわかります。

▶▶ 「子どもを人質にとられているようなもの」

　子どもの発達保障として子ども・子育て支援を捉えたとき、最も大事で、かつ、根本的なことは、**運営を認めた者としてサービスの質を確保し、当たり前のレベルをしっかり保障すること**です。

　子ども・子育て支援における施設種別や運営の内容が多様化し、それぞれの経営の特色化も進むなか、利用する前に保護者がそれら施設・事業の内容やその違いを知ることには限界があります。

　自治体は、住民の安全・安心に関わり税金を預かる立場として、どの施設でも質の保障されたサービスが受けられるように、守るべきルールを丁寧に施設・事業者に周知し、個別にもやり取りを繰り返し、施設との信頼関係を築いていくことが大切です。サービスの質については、施設・事業者も職員研修を実施し、第三者評価も取り入れるなどしてその確保に努め、利用者の要望や意見にも丁寧に対応します。

　なお、児童福祉法は、入所施設の職員などに対し、暴行やわいせつ、著しい養育懈怠などの「被措置児童等虐待」はもちろん、心身に有害な影響を及ぼす行為全般を禁止しています（第33条の10、第33条の11）。これについては入所施設以外のサービスで同様に規定している条文もあります（「特定教育・保育施設及び特定地域型保育事業並びに特

定子ども・子育て支援施設等の運営に関する基準」第25条他)。

　このような施設による法令違反や、子どもの心身によくない影響を及ぼすことが疑われるような事態を引き起こさないためにも、施設への研修や関係づくりなど、日頃の対策が大切です。

　しかし、対策はしている一方で、利用する保護者から自治体に直接、意見や相談が届くこともあります。「先生の話を聞かないからと、うちの子どもが部屋の外で立たされた。そのまま泣いておもらししてしまった。そういうことって他の園でもあるのでしょうか」と、打ち明けてこられた保護者がいます。おびえてしまって登園のたびに子どもの表情が固まり、園では何も話せなくなってしまう子どもを心配した保護者が、他の施設への転園を決めると、すぐに生き生きとした表情を見せ、保護者も安堵された話も聞きました。また、別の相談では、その子どもの今の発達段階では到底出来ない鼓笛や演技を泣きながらやらされている子どもの悩みが寄せられたこともあります。

　自治体や施設・事業者の認識以上に、保護者は相談・苦情を申し出しにくいと感じています。何か気になることがあると「子どもを人質にとられているようなもの」と、悩む保護者は口をそろえて言われます。

　大半の施設・事業所で子どもや保護者が安定した支援を受けられているなか、一部では、残念ながらそうした保護者の悩みが今もあるのが実態であることを自治体職員としてしっかり認識する必要があります。

▶▶ 質の保障は運営を認めた自治体の責務

　保護者に寄り添って苦情はお聞きするものの、実際にそれを施設・事業者に伝え、その反応を保護者にフィードバックするなどして当事者の間を取りもつことには苦手意識がある人もいるでしょう。私も、今でも1件1件にかなり神経を使って対応しています。

　もとより施設・事業者の側としても、保護者との関係性の構築に苦慮しながら運営しています。双方の思いや認識を整理しつつ、サービス内容の改善や関係性の修復につなげるには、知識はもちろん、冷静なバランス感覚も大切であり、ある程度の場数を踏むことも必要です。

一方、保護者が自治体に電話をしてこられるということは、よほどの心配があってのことで、解決の相談を持ちかける先は、私たちの窓口以外にないのかもしれません。仮に正当な訴えであるならば、それを**保護者が泣き寝入りするような事例が続くような自治体は魅力がなく、いずれは住民から愛想を尽かされてしまいます。**

　さらに実際のところ、私たちの窓口対応が怠惰で消極的だと保護者に映った場合、矛先は施設ではなく自治体に向くこともあります。

　よりよい運営をしていこうと尽力している施設なら、そうしたやり取りを通して、一層、施設長と腹を割った話ができるようになることもあります。「施設運営に問題があったり保護者が悶々としていることがあったりするのなら、自治体を通してでも相談してほしい」と施設・事業者は望んでいるものだと信じ、冷静な気持ちで丁寧に調整に入りましょう。

▶▶ 家庭の環境を全て想像することはできない

　さて、自治体の子ども・子育て支援の業務では、国の動向や地域の課題を踏まえ、さまざまな新規施策や既存の取組みの改善を検討し、それらを次々と推し進めていかなければなりません。

　その際、自身の生まれ育った経験や子育てを含む人生経験、それに基づく子育て観や教育観が、施策の検討に影響することもあるでしょう。もちろん、一人ひとりの職員のそうした思いが、実務を進める原動力にもなりますし、思いが多様であることは当然のことです。

　一方、**私の思う家庭の普通が他人の普通とは限らない**ことに留意が必要です。例えば、「子どもの貧困」問題を取り上げても、その認識は人それぞれです。差しさわりなく希望のままに塾や予備校に通えていた人と、「うちの家計では塾に行きたいとはとても言えないな」と悩んだ人とでは、学習支援の捉え方も変わってくるでしょう。

　劇作家で貧困問題を取り上げた作品でも有名な平田オリザさんは、もはや東京の都心部では公立中学にも「多様性」は存在しておらず、ご自身が教鞭を執る東京の大学において大学生に「授業で『文化による社会包摂』といった話をしても、頭で理解はできるが実感がわかないようだ。

なにしろ、周囲に貧乏な家の子がいなかったのだから」と言われています（『22世紀を見る君たちへ――これからを生きるための「練習問題」』講談社現代新書、2020）。

　教育における格差に警鐘を鳴らす松岡亮二さんも、**日本社会は個人で把握できるほど小さくない**のだから、教育をどうすべきという話をするには、「個人の見聞に基づく実感」と「社会全体の実態」に乖離があり得る点を踏まえなければ、建設的な議論はできないと指摘しています。（松岡亮二『教育論の新常識―格差・学力・政策・未来』中央公論新社、2021）

　自治体の職員のなかでも一人ひとりの成育歴や経験はさまざまであり、一つひとつの問題に対しても実感する課題認識はそれぞれ異なることを念頭に置くことが、庁内での議論でも大切でしょう。

　議論において、課題を客観的に捉えるためにも、**その状況をデータや根拠で丁寧に理解する**ことが大切です。ただし、一人ひとりが限られた時間のなかで見聞きする実例数に限りがあるなか、データを示されても単に「感覚」として腑に落ちない人がいるかもしれないともいわれています（松岡亮二、同上）。考えが凝り固まると、エビデンスさえ歪んで読めてしまうことには注意が必要です。

　客観的な根拠に基づいて政策の組み立てを行い、それに基づいて導き出された結果が、自分の想像に基づいて描いた方向性とずれていても謙虚に受け止め、その結論を尊重するような姿勢が大切になってきます。

▶▶▶ 「何か目玉はないか」が思いつきの施策を生む

　子ども・子育て支援に限らず、施策の企画立案において、時に関係者などから行き当たりばったりだと言われることがあります。だいぶ以前は来年度予算の検討にあたり、上司や財政担当者から「来年度のアドバルーンとなる目玉施策がない。何かないか」と言われたこともありました。無理に目玉となる取組みを用意することは、耳目を引きそうな思いつきの施策が実施まで進んでしまう危うさも伴います。

　まず、全体を俯瞰した上で、多様な取組みを効果的にバランスよく組

み合わせて実施し、実感できる成果につなげることが大切です。

　取組みを系統立て、課題に優先順位を付けた対応が重要であり、一つの目玉施策で全体が改善できるほど、住民ニーズは単純ではありません。

　また、普段から業務を誠実に行うなかで、予算検討の時期でなくても、改善の余地が見えることもあるでしょう。予算の検討段階ではじめて新たな手立てを考えるのではなく、普段の業務のなかで感じる住民の困り感や業務の手詰まり感を、関係者と調整しながら必要な次の取組みに具現化できる知識や調整力、行動力が大切です。

　福祉分野は、全国一律の制度でカバーする部分が大きく、自治体でオリジナリティを発揮する前に、制度を堅実に実施することが住民サービスの基本となります。その際、サービスの質確保に向けて研修や指導を充実させる新たな工夫や拡充の取組みは、単体では目立つ取組みとはなりませんが、非常に重要な取組みには違いありません。単体でアイデアを絞り出す前に、施策をパッケージで捉える視点が大切です。

　全体を俯瞰しながらスピード感をもって、かつ着実に必要な取組みを実行し、その施策の対象となる住民に的確に広報ができれば、目立つ取組みでなくても、しっかりと住民の心に届くのではないでしょうか。

▶▶ 制度には歴史があり、前例には当時の理由がある

　自治体担当者には人事異動がつきものですが、制度や運用の理解がとぎれてしまうことには注意が必要です。その当時ならではの事情で、特段引き継ぐ必要のない内容もないわけではありません。しかし制度が構築されていった歴史・経緯を知る努力は大切です。

　制度の趣旨や成立した経緯、前例を理解すれば、それを踏まえ、以前と現在との取り巻く状況の変化に基づき、よりよい制度への改善に向けて妥当な判断にもつなげられます。

　また、歴史や経緯を知っておきたいもう一つの理由は、自治体の担当者は入れ替わっても、施設・事業者は、身をもって制度の変遷を経験しながら今日まで運営を続けてきているということです。制度の歴史を知ることは、施設・事業者の気持ちを理解することでもあるのです。

9|3 ◎…子ども・子育て支援の拠りどころ

▶▶ その子どもにとって最もよいことを第一に考える

　本書を締めるにあたり、子ども・子育て支援の取組みの拠りどころとなる「子どもの最善の利益」を一緒に振り返りたいと思います。

　子どもの最善の利益（the best interests of the child）という言葉は、児童の権利に関する条約（子どもの権利条約）に定められ、子どもの人権を象徴する言葉として国際社会に広く浸透しています。

> 　子どもに関することが決められ、行われる時は、「その子どもにとって最もよいことは何か」を第一に考えます。
> （公益財団法人 日本ユニセフ協会ホームページ「子どもの権利条約」より）

　「こども政策の新たな推進体制に関する基本方針」では、**常にこどもの最善の利益を第一に考え、こどもに関する取組・政策を我が国社会の真ん中に据える（＝こどもまんなか社会）**と決意しています。また、一人ひとりのこどもの Well-being（ウェルビーイング：幸福）を高めていくことも明言しています。

　子どもの最善の利益とは、その子どもにとって最もよいことは何かを第一に考えることであり、保護者を含むおとなの利益が優先されることへの牽制や、子どもの人権を尊重することの重要性を表しているものと解釈されています（厚生労働省「保育所保育指針解説」2018）。

　国や自治体がさまざまな取組みを進める上で、財政面や関係者の利害得失が絡み合うなかでも、「子ども一人ひとりの幸せの先に、社会の持続的発展が待っている」という意識で取組みを進めることが大切です。

▶▶ よりよい親子関係づくりを支援する

　併せて、子ども・子育て支援は、その子どもを支える保護者を支援する取組みです。保護者が、仕事や家事、親の介護などとも両立させながら、子育てに前向きでいられるよう支援することは、子どもの幸せに直結します。

　保護者支援の観点では、子どものよりよい育ちの実現につながるよりよい親子関係の形成に向けた支援が重要です。「子ども・子育て支援法に基づく基本指針」にも、「**保護者が自己肯定感を持ちながら子どもと向き合える環境を整え、親としての成長を支援し、子育てや子どもの成長に喜びや生きがいを感じることができるような支援をすることが子ども・子育て支援である**」と明記されています。

▶▶ 仕事の先にいつも見えているもの

　最後に胸に手をあてて、次のことを一緒に振り返ってみましょう。

○私の仕事によって、笑顔の日々を送ってほしい、穏やかな毎日を迎えてほしい子どもたちや保護者など、その人たちの表情が鮮やかにイメージできますか？
○その人たちの福祉の増進（幸せ）のために、私がもっとできることは何でしょうか？

　さまざまな制約や条件のなかで、なんとか妥当な方向づけをしながら、粘り強く取組みを進めていかなければならないのは、公務に限ることではありません。皆が日々、がんじがらめのなかで仕事をしています。

　しかし、地方自治法にあるように「住民の福祉の増進を図ることを基本」とする自治体に勤務する私たちは、上の問答の繰り返しが仕事の土台となることを知っています。そして、あるべき目標に向かって、悩みながらも誠実に取組みを続けることが、仕事の向上にも、皆さん自身の日々の充実にもつながっていくのではないでしょうか。

COLUMN・9

施策を練り上げる

　私が子育て支援に深く関わることとなったきっかけは、子ども・子育て関連3法の制定前から子ども・子育て支援新制度の実施直後まで、継続して保育制度を担当させていただいたことです。

　新制度の準備当時、国の財源確保が直前まではっきりせず、国からの情報は十分ではないなか、新制度スタートの日から逆算して作業を進め、時には見切り発車で対応を判断しながら、綱渡りのスケジュールで事務を進めました。

　当時、霞が関での国の説明会後に、近隣の指定都市の担当者と集合し、課題を話し合ったこともありました。国の方向性や通知の解釈一つひとつの理解不足を補えたことはもちろん、杓子定規にすればするほど煩雑さが増す事務を、他の自治体がどのように融通を利かし、効率的な対応をしているのかを知ることもできました。また、それぞれの自治体を取り巻く状況の違いが、対応の相違に大きくつながっていることも、情報交換によって実感できたことです。

　新制度への移行も、制度の改正に単に対応するだけでなく、自治体の抱えてきた課題の改善に向けた制度移行となるよう、限られた日程のなかで検討して庁内で練り上げ、関係者と折衝を重ね、入所選考過程の改善や利用者支援の拡充にもつなげました。一介の地方公務員に過ぎない私たちですが、仕事に対する姿勢やその仕事内容次第で、私たちが思う以上に外に表れる結果は異なることを実感しました。

　自治体の事務がさまざまあるなかでも、福祉の取組みは、国が主導する要素が非常に強い事務といえます。しかし、各自治体の状況について国は最終的な責任をとってくれるわけではありません。

　明日の私たちの地域をどのような方向にもっていくことが、子どもたち、ひいては子どもたちの成長後の社会の幸せにつながっていくのか。自治体職員は、職場でよく議論し、関係者とも意見を交わし、悩んで施策を練り上げる努力をこれからも地道に続けていくことが大切だと感じています。

おわりに

　私が市役所に採用になったのは 19 年前のことです。右も左もわからない状態で区役所の保育所入所事務兼児童手当担当として、保育所については当時 7 園、1,000 人程度の入所児童を担当しました。初めて自分で資料をまとめて庁内での保育所入所の選考会議にかけたのは、6 月からの入所内定者を決める会議のときだったと記憶しています。

　年度途中に入所できるような定員の空きは多くなく、入所選考にかける児童は少なかったのですが、資料の体裁などを不安がっている私に、当時の先輩は言いました。「あなたが『この子は入所させてあげないといけない状況だ』と確信しているなら、現時点で資料の完成度は大した問題ではないよ。もし自信がないのなら、もっと状況を確認したほうがいいね。」

　こうした仕事への取組む姿勢を含め、採用から今日まで、職場の先輩や施設関係の皆さん、窓口・電話で対応してきた保護者の方などから教わったこと、また、そうしたさまざまな方に薦められた書物・資料で理解を深めた内容を集約したのがこの本です。

　事業に関することはなるべく国の示す内容に沿ってまとめましたが、自治体によって取組みや事業の名称が異なりますので、わかりづらかったところもあったことと思います。その点ご容赦いただければ幸いです。

　慣れない仕事に戸惑っている方も、誠実に正しい努力を続ければ、出来そうな手応えをだんだん感じられるようになり、そのうち自信をもってできるようになります。

　この本を読まれることで、少しでも業務がやりやすくなり、仕事はもちろんプライベートも併せて皆さんの有意義な日々につながれば、筆者として大変うれしく思います。

2023 年 3 月

水畑明彦

参考文献

白　書　※国の施策の現状を確認できます
▼厚生労働白書▼少子化社会対策白書▼文部科学白書

国の大綱・基本指針・方針　※方向性や意義について確認できます
▼少子化社会対策大綱▼子供の貧困対策に関する大綱▼子供・若者育成支援推進
大綱▼子ども・子育て支援法に基づく基本指針▼こども政策の新たな推進体制に
関する基本方針▼母子家庭等及び寡婦の生活の安定と向上のための措置に関する
基本的な方針

国のガイドライン・運営指針など　※施設や事業について確認できます
（母子保健）
▼養育支援訪問事業ガイドライン▼乳児家庭全戸訪問事業ガイドライン▼産前・
産後サポート事業ガイドライン・産後ケア事業ガイドライン▼子育て世代包括支
援センター業務ガイドライン▼低出生体重児保健指導マニュアル

（幼児教育・保育、子ども育成支援、特別支援教育）
▼保育所保育指針解説▼幼稚園教育要領解説▼幼保連携型認定こども園教育・保
育要領解説▼保育所等での医療的ケア児の支援に関するガイドライン▼幼保小の
架け橋プログラムの実施に向けての手引き（初版）▼利用者支援事業ガイドライ
ン▼放課後児童クラブ運営指針解説書▼障害のある子供の教育支援の手引

（子ども家庭支援・社会的養護）
▼市町村子ども家庭支援指針（ガイドライン）▼各社会的養護施設運営ハンドブッ
ク（児童養護施設、乳児院、児童心理治療施設、児童自立支援施設、母子生活支
援施設）▼里親委託ガイドライン

その他の参考書籍・資料
（子育て支援全般）
▼改訂版 社会福祉学習双書　児童・家庭福祉【全国社会福祉協議会 2022】

（母子保健）
▼母子保健マニュアル【母子保健マニュアル作成委員会、財団法人母子衛生研究
会編（母子保健事業団）1996】
▼改訂7版 母子保健マニュアル【高野陽、柳川洋、加藤忠明編（南山堂）2010】
▼東京の母子保健 令和4年3月改訂版【東京都 福祉保健局少子社会対策部家庭
支援課 2022】

（幼児教育・保育、地域子育て支援、障がい児支援）
▼地域発・実践現場から考えるこれからの保育―質の維持・向上を目指して【北
野幸子（わかば社）2021】
▼地域子育て支援拠点で取り組む利用者支援事業のための実践ガイド【NPO法

人子育てひろば全国連絡協議会編集、橋本真紀・奥山千鶴子・坂本純子編著（中央法規）2016】
▼改訂 脳からわかる発達障害—多様な脳・多様な発達・多様な学び【鳥居深雪（中央法規）2010】
▼図解でわかる障害福祉サービス【二本柳覚編著（中央法規）2022】

（教育・子どもの貧困）
▼教育入門【堀尾輝久（岩波新書）1989】
▼学校プラットフォーム—教育・福祉，そして地域の協働で子どもの貧困に立ち向かう【山野則子（有斐閣）2018】
▼私たちは子どもに何ができるのか—非認知能力を育み、格差に挑む【ポール・タフ、高山真由美訳（英治出版）2017】
▼教育格差—階層・地域・学歴【松岡亮二（筑摩書房）2019】
▼22世紀を見る君たちへ—これからを生きるための「練習問題」【平田オリザ（講談社現代新書）2020】

●著者紹介

水畑明彦（みずはた あきひこ）

1977年神戸市生まれ。2004年神戸市入庁。
市役所、区役所、福祉事務所及び教育委員会事務局で、子育て支援や学校教育、住民総合窓口、神戸港ポートセールスなどを担当するなかで、神戸市における子ども・子育て支援の新制度構築や、教育振興基本計画の策定に従事。社会福祉主事。
自著に『自治体職員が書いた子ども・子育て支援新制度の基礎がわかる本：「子どもの最善の利益」「認定こども園化」「待機児童」「保育の質」「保育の保障」をどうしていくのか』がある。また、「地方創生に応える実践力養成ひょうご神戸プラットフォーム」事業の一環としてまとめられた「地域づくりの基礎知識」シリーズの「地域づくりの基礎知識2 子育て支援と高齢者福祉」（神戸大学出版会）において「第2章　子育て支援の社会資源と活用法」を執筆。

自治体の子育て支援担当になったら読む本

2023年4月18日　初版発行
2024年2月13日　2刷発行

著　者　水畑明彦

発行者　佐久間重嘉

発行所　学陽書房

〒102-0072　東京都千代田区飯田橋1-9-3
営業部／電話　03-3261-1111　FAX　03-5211-3300
編集部／電話　03-3261-1112
http://www.gakuyo.co.jp/

ブックデザイン／佐藤　博　DTP制作・印刷／精文堂印刷
製本／東京美術紙工

ⒸAkihiko Mizuhata 2023, Printed in Japan
ISBN 978-4-313-16187-0 C2032
乱丁・落丁本は、送料小社負担でお取り替え致します

JCOPY〈出版者著作権管理機構 委託出版物〉
本書の無断複製は著作権法上での例外を除き禁じられています。複製される場合は、そのつど事前に、出版者著作権管理機構（電話03-5244-5088、FAX 03-5244-5089、e-mail: info@jcopy.or.jp）の許諾を得てください。